ASCENSORES CRISTIANOS

El Hno. Todman

WESTBOW
PRESS
A DIVISION OF THOMAS NELSON
& ZONDERVAN

El texto Bíblico ha sido tomado de la versión Reina-Valera © 1960 Sociedades
Bíblicas en América Latina; © renovado 1988 Sociedades Bíblicas Unidas.
Utilizado con permiso. Reina-Valera 1960™ es una marca registrada de
la American Bible Society, y puede ser usada solamente bajo licencia.

Puede hacer pedidos de libros de WestBow Press en
librerías o poniéndose en contacto con:

WestBow Press
A Division of Thomas Nelson & Zondervan
1663 Liberty Drive
Bloomington, IN 47403
www.westbowpress.com
1-(866) 928-1240

Debido a la naturaleza dinámica de Internet, cualquier dirección web o
enlace contenido en este libro puede haber cambiado desde su publicación
y puede que ya no sea válido. Las opiniones expresadas en esta obra son
exclusivamente del autor y no reflejan necesariamente las opiniones del editor
quien, por este medio, renuncia a cualquier responsabilidad sobre ellas.

ISBN: 978-1-4908-4277-6 (tapa blanda)
ISBN: 978-1-4908-4278-3 (tapa dura)
ISBN: 978-1-4908-4279-0 (libro electrónico)

Numero de la Libreria del Congreso: 2014911521

Las personas que aparecen en las imágenes de archivo
proporcionadas por Thinkstock son modelos. Este tipo de
imágenes se utilizan únicamente con fines ilustrativos.
Ciertas imágenes de archivo © Thinkstock.

Impreso en los Estados Unidos de América.

Fecha de revisión de WestBow Press: 7/29/2014

CONTENIDO

A LA MANERA DE DIOS

Conozco al Reverendo Todman Pérez por varios años. He visto su seriedad ministerial y lo comprometido que está en seguir a Jesús. "Ascensores Cristianos", ciertamente es una fresca revelación del Señor para los que deseen ser líderes.

La manera que él sugiere de ser Cristo céntrico y guiar a otros a una relación personal con Dios, es la manera real de discipular.

Recomiendo "Ascensores Cristianos" porque usted aprenderá a ser genuino descubriendo sus fortalezas y debilidades. También le ayudará a reconocer al prójimo superior a usted mismo y a entender que es amando al prójimo como se llega a ser un líder a la manera de Dios.

Reverendo Todman Pérez te felicito y mucho éxito en el llamado que Dios te ha dado.

Apóstol Juan Bruno Caamaño
Fundador Presidente
ALMAVISION
Televisión Cristiana

INTRODUCCIÓN

El liderazgo Cristo céntrico es el arte y ciencia de Dios para guiar a su pueblo. Como arte es el método de Dios establecido en la Biblia con mandamientos y ejemplos eternos de amor, servicio, sacrificio e influencia. Como ciencia es el favor de Dios y su conocimiento supremo depositado en un individuo para una tarea específica a través de un llamamiento.

Cuando el ser humano cambia sus métodos de liderar para adaptarse a las circunstancias, también su modo de ejercer el liderazgo cambia. Sin embargo el liderazgo practicado por Jesucristo no es un estilo que pueda cambiarse. Es una doctrina eterna descrita en la Biblia, la Palabra de Dios y ejemplificada por Nuestro Señor Jesucristo. La metodología cambia según la situación y no siempre es efectiva. La Palabra permanece y es eficaz sin importar las épocas ni los métodos que se usen para aplicarla.

Con toda certeza puedo decirle que cuando Dios llama a un hombre o a una mujer a liderar, Él le dará todo el respaldo en cualquier proyecto que el elegido emprenda. Además le dotará interiormente con toda la fuerza funcional necesaria para la visión específica a llevar acabo y exteriormente lo rodeará de un equipo que lo complemente en sus deficiencias y debilidades. Los dos componentes del liderazgo son líder y seguidor. No hay excepción. Si está liderando o siguiendo a alguien, ambos deben ejercer su función con excelencia. Aunque el nivel de liderazgo en cada persona es diferente, el enfoque es el mismo. Glorificar a Dios y servir a su Iglesia. Por supuesto nadie puede convertirse con sus propias fuerzas en un libertador como Moisés o lograr el exitoso liderazgo del rey David. Tampoco alcanzar la talla ejemplar del apóstol Pablo. Es Dios quien establece la grandeza de sus líderes.

Todos fuimos creados y llamados para una tarea personal y específica. Evite entrar en competencias midiéndose con la grandeza del liderazgo que Dios quiso darles a otros. Busque desarrollar un propósito genuino.

Un requisito no negociable para ser un líder Cristo céntrico, es tener un llamado de parte de Dios. Una necesidad imperiosa es aprender a trabajar con la materia prima del liderazgo, las personas. La exigencia del llamamiento es que si Jehová no edifica por usted, en vano será su labor. Es imprescindible valorar a la gente porque Jesús murió para dar valor eterno a nuestras almas. No obstante, es lamentable reconocer que siempre habrá líderes que profesan ser cristianos, pero sólo se aprovechan de la vida piadosa.

Somos ascensores humanos. Cualquier persona cristiana o inconfesa, líder o seguidor tiene la opción de construir en la vida de otros agregándoles valor o causar destrucción restándoles valor con palabras o acciones.

Dios establece las alturas del líder pero es el líder quien decide si volará esas alturas y cuánto tiempo permanecerá en ellas. Dios añade las ovejas al rebaño, sin embargo es responsabilidad del pastor apacentarlas.

Analice las conductas expuestas en este libro y decida qué quiere ser: el ancla bajo el barco o el aire bajo las alas del águila. ¿Hacia a donde quiere llevar a la gente? ¿Hacia abajo, a ningún lado o hacia arriba? ¿Quiere liderar para usted o para Cristo?

CAPÍTULO UNO

EL LIDERAZGO INSEGURO

"Y cantaban las mujeres que danzaban y decían: Saúl
hirió a sus miles y David a sus diez miles. Y se enojó
Saúl en gran manera, y le desagradó este dicho, y dijo...
no le falta más que el reino. Y desde aquel día Saúl no
miró con buenos ojos a David." (1 Samuel 18:7-9)

En primera instancia, el líder inseguro siempre encubre su inseguridad con acciones hostiles hacia los demás. En segundo lugar y en cuanto a méritos se refiere, constantemente da menos a su gente y se adjudica más a sí mismo. En tercer lugar está más enfocado en cuidar su posición que en hacer su trabajo.

Esta conducta fue caracterizada por el rey Saúl. Mientras persiguió a David descuidó en gran manera su reputación ante el pueblo a tal grado que cuando se consolida a David como rey de todo Israel, todas las tribus reunidas se expresaron de esta manera: "Y aun antes de ahora cuando Saúl reinaba sobre nosotros, eras tú quien sacabas a Israel a la guerra, y lo volvías a traer..." (2 Samuel 5:2)

1

Otra característica de un líder inseguro, es que siempre bloquea el desarrollo de nuevos líderes. Esto provoca el desánimo de seguidores potenciales y como efecto inevitable paraliza el crecimiento de la congregación que dirige. El líder inseguro pierde credibilidad a causa de su carácter fluctuante. La inseguridad hace vulnerable al líder ante la adversidad. Ve como la más segura estrategia el quedarse estático por temor al riesgo que implica moverse hacia el cambio.

La incertidumbre de no saber quién es, para qué fue llamado o si ha sido emplazado por Dios en su posición actual no permite al líder delegar responsabilidades o compartir el poder. Si delega alguna tarea está continuamente sobre el hombro de las personas enfatizando lo negativo más que lo positivo.

Es ineludible que descubra el propósito de Dios en su vida para que deje de sentir que no encaja en los proyectos que emprende. Descubierto ese propósito es necesario que desarrolle sus dones para que no se sienta incapaz en sus tareas como líder.

Saber quién es y para qué está aquí le ayuda a desarrollar seguridad en usted. Pero más importante es que usted descubra que es digno en Cristo, por lo tanto, no es inferior a los demás.

Como líder usted debe estar consciente de que su seguridad descansa en obedecer a Dios y no en cumplir las exigencias de la gente. En el momento en que entienda que su identidad no depende de la popularidad ante el mundo, sino del llamado de Dios en su vida dejará de darle importancia a las críticas y rechazos de otros.

Es imperante que discierna la visión y misión personalizada de Dios para usted. Esto le evitará caer en ambiciones egoístas que promueven la envidia por el progreso de otros líderes. Sólo así evitará ser partícipe de las comparaciones inmaduras que empañan el liderazgo Cristo céntrico.

CÓMO DETECTAMOS LA INSEGURIDAD DE UN LIDER

Existen conductas autócratas que aparentan ser de alguien de carácter firme, pero en realidad esconden a una persona fluctuante, débil e insegura. Observe los siguientes comportamientos:

1- Querer fiscalizar hasta la manera en que respiran las personas.
2- Actuar compulsivamente con el afán de ser aceptado.
3- Compararse con otros teorizando ser el mejor.
4- Gastar tiempo y energía para llamar la atención, ser pretencioso.
5- Invertir en otros sólo para obtener su lealtad.
6- Justificar errores propios pero condenar las faltas de los demás.

Si alguna de estas conductas es parte de su liderazgo, es tiempo de cambiar. De lo contrario nunca logrará desarrollar su potencial ni podrá ayudar a otros a desarrollarse. Estas actitudes paralizan el crecimiento y hacen decaer su liderazgo. El líder inseguro busca hacerse notar y ser escuchado pero carece de la voluntad para escuchar y procurar que otros sobresalgan. Esa actitud le hace perder influencia. Cuando usted escucha a un individuo le muestra interés y respeto y si se propone hacerle brillar le hará sentir importante y habrá ganado un seguidor leal.

CÓMO OBTENEMOS SEGURIDAD EN NUESTRO LIDERAZGO

1-DISCIERNA EL LLAMADO PERSONAL Y ESPECÍFICO DE DIOS EN SU VIDA

> *"Eligió a David su siervo, y lo tomó de las majadas de las ovejas; de tras las paridas lo trajo, para que apacentase a Jacob su pueblo, y a Israel su heredad."*
> *(Salmos 78:70-71)*

No me extenderé mucho en este punto, porque todo el capítulo ocho está dedicado a profundizar sobre el supremo llamamiento de Dios. Sólo le diré de antemano que descubrir cuál es su llamado no sucede del día a la noche. Es un proceso durante el cual usted deberá acercarse más a Aquel que lo está llamando. Este descubrimiento es un requisito no negociable para que sea efectivo como líder de Dios. Le permitirá saber qué debe delegar y qué tiene que hacer usted. No obstante, no olvide que usted tendrá que ser responsable de los resultados, tanto de las tareas delegadas como de su propio trabajo.

También quiero recordarle que debido a que el llamado de Dios no es genérico en cuanto al liderazgo, como lo es referente a la salvación, no podemos cumplirlo comparándonos o compitiendo con otros.

2-DESCUBRA Y ACEPTE SUS DEBILIDADES Y ENFÓQUESE EN SUS FORTALEZAS

> *"Examinaos a vosotros mismos si estáis en la fe; probaos a vosotros mismos. ¿O no os conocéis a vosotros mismos, que Jesucristo está en vosotros, a menos que estéis reprobados?"* (2 Corintios 13:5)

El descubrir nuestro llamado nos conducirá a saber con qué contamos para cumplirlo y también qué cualidades necesitamos en otros para que nos complementen.

El Señor le dijo al gran apóstol "Bástate mi gracia porque mi poder se perfecciona en la debilidad..." (2 Corintios 12:9) Entonces Pablo decidió de buena gana gloriarse en sus debilidades para que el poder de Cristo reposara sobre él. Es sensato decir que si Jesucristo se encarga de nuestras flaquezas cuando somos sinceros, usted y yo sólo podemos ser eficientes y efectivos cuando trabajamos con base en los dones que poseemos por la buena voluntad de Dios.

La manipulación es el arma de convencimiento de un líder fuerte en sí mismo pero débil en Dios. La persuasión es la estrategia de convencimiento de un líder débil en sí mismo pero fuerte en el Señor.

3-PERMITA QUE LA ACTITUD DE CRISTO SEA SU ACTITUD

"… como el Hijo del Hombre no vino para ser servido, sino para servir, y para dar su vida en rescate por muchos." (Mateo 20:28)

Cuando usted se haya examinado, se descubra, se acepte y decida enfocarse en sus áreas fuertes y en cumplir el llamado de Dios dará lugar al crecimiento de la actitud de Cristo en su liderazgo. Si usted no ama, no puede servir a otros. Si usted no es un servidor, no podrá ser un líder ejemplar. Si no se sacrifica lo suficiente, nadie se comprometerá con su causa. Como resultado inevitable, no habrá quien lo siga. El máximo ejemplo de liderazgo en amor, servicio y sacrificio es Nuestro Señor Jesucristo. Por lo tanto usted y yo no tenemos opción.

Para liderar a la manera de Cristo debe permitir el quebrantamiento de Dios Padre, la mansedumbre y humildad del Hijo y la dirección del Espíritu Santo en su liderazgo. Deberá entonces enfocar su autoridad y poder adheridos a su llamado en buscar el bien para otros y no el suyo propio. Así mostrará obediencia y dará gloria a Dios y él le honrará.

4-NO SE JACTE DE SU DESEMPEÑO

"Mas el que se gloría, gloríese en el señor; porque no es aprobado el que se alaba a sí mismo, sino aquel a quien Dios alaba." (2 Corintios 10:17–18)

La actitud del Señor lo llenará de humildad y mansedumbre, evitándole ser jactancioso. A todos los seres humanos nos encanta ser aplaudidos, sin embargo todo cambia cuando son otros los que merecen el aplauso nuestro. Usted debe aprender a reconocer la excelencia en los demás y también a ser humilde cuando se le aplauda por su eficacia.

Todo líder egocéntrico, al confiar demasiado en sí mismo, se convierte en un líder espiritualmente inseguro y fluctuante en la fe. Esto lo separa de Dios que lo llamó y lo dotó para liderar a su pueblo. Al líder inseguro le encanta hacer alarde de lo excelente de sus proyectos e ideas para que se reconozca que las cosas tienen su sello. Erróneamente cree que eso le asegura su posición de líder. Dios nos aconseja a través de su palabra "Alábete el extraño, y no tu propia boca; el ajeno, y no los labios tuyos." (Proverbios 27:2). El miedo a no ser aceptados nos empuja a hacer propaganda exagerada de lo que hacemos y a veces aun de lo que no hemos hecho.

Usted debe reconocer a Dios como el dueño de su liderazgo.

Él llama, por lo tanto, Él hará. Ahí yace la seguridad de un líder prendido de la roca que es Cristo. Así que no se jacte de su desempeño y tampoco se crea autosuficiente. Permita el complemento de su gente y ganará autoridad y confianza, componentes vitales del liderazgo exitoso.

5-NO ACTÚE COMPULSIVAMENTE

> *"Mas todo el que se apresura alocadamente, de cierto va a la pobreza." (Proverbios 21:5)*

No se apresure a hacer lo que Dios no le ha dicho que haga. Tampoco realice cosas que sólo le agraden a usted y complacen a otros. Lleve a cabo lo que Dios le mandó realizar, aunque para usted no tenga sentido y a veces cause deserción en su equipo.

Saúl desobedeció a Jehová. Él hizo lo que le pareció correcto y atractivo a sus ojos y a su estómago. "Entonces Samuel dijo: ¿Qué has hecho? Y Saúl respondió: porque vi que el pueblo se me desertaba, y que tú no venías dentro del plazo señalado... Entonces Samuel dijo a Saúl: Locamente has hecho; no guardaste el mandamiento de Jehová tu Dios que él te había ordenado; pues ahora Jehová hubiera confirmado tu reino sobre Israel para siempre." (1 Samuel 13:11–13)

El actuar compulsivo le sumergirá cada vez en más inseguridad, porque la falta de disciplina y la debilidad de carácter no pueden conducirlo a la cima. Es como un tirador al blanco, que al errar sus primeros cinco disparos tiende a halar compulsivamente el disparador, fallando el resto de la munición.

Las presiones externas de las personas o circunstancias pueden tentarlo a apresurarse y desobedecer a Dios, tal como Saúl dijo a Samuel: "Yo he pecado; pues he quebrantado el mandamiento de Jehová y tus palabras porque temí al pueblo y consentí a la voz de ellos..." (1 Samuel 15:24). La seguridad de su liderazgo está en Dios, sea obediente y espere el tiempo de Él.

LOS LÍDERES SEGUROS E INSEGUROS TIENEN ENFOQUES MUY DIFERENTES

1- Los líderes seguros desarrollan líderes, porque su enfoque es expandir el Reino. Los inseguros buscan seguidores, porque su visión es ensanchar su prestigio.

2- Los que están seguros de sí mismos y de su llamado, lideran hacia Dios. A los inseguros les encanta atraer gente hacia ellos.

3- Los líderes que sufren de inseguridad se enfocan en las debilidades y deficiencias de los demás. Los líderes que viven en la paz de su seguridad están enfocados en las fortalezas y potencial de su gente.

4- Su propia inseguridad hace que los líderes vean a la gente como es superficialmente. Sin embargo la seguridad permite que miren a las personas como llegarán a ser en Cristo.

5- Para los líderes inseguros tanto los que trabajan como los haraganes, merecen el mismo trato. Los líderes seguros premian la efectividad, es decir que tratan a las personas individualmente de acuerdo a sus llamados dones y deseo de superarse.

6- La inseguridad envuelve a los líderes en un afán por opacar a los demás. La seguridad promueve el enfoque de hacer brillar a otros.

7- Los líderes inseguros están enfocados en impactar el presente. Pero los líderes seguros de sí mismos, de su llamado y propósito, están enfocados en impactar el futuro.

8- Un líder inseguro es complaciente consigo mismo y con la gente. El enfoque de un líder seguro es obedecer a Dios antes que a los hombres.

El líder inseguro es un ascensor descompuesto que no lleva a la gente a ningún lado y si la mueve hacia algún sitio, es hacia abajo. Usted podrá estar muy seguro de usted mismo y aún así estar inseguro de su llamado. Pero cuando usted se asegura del llamado personal y específico de parte de Dios, todas sus inseguridades personales desaparecen. Cuando usted conoce su propósito, descansa en el Señor. Tanto la actitud positiva como la autoestima elevada debe enfocarlas en glorificar a Dios y ayudar a otros. De no ser así, seguirá siendo un líder inseguro espiritualmente, que sólo vivirá para su vientre.

CAPÍTULO DOS

EL LÍDER "INDISPENSABLE"

*"No hagáis alarde de vuestro poder; no habléis con
cerviz erguida. Porque ni de oriente ni de occidente, ni
del desierto viene el enaltecimiento. Mas Dios es el juez
a este humilla, y aquel enaltece." (Salmos 75:5-7)*

El creerse indispensable es sinónimo de arrogancia,
egocentrismo, necedad e ignorancia del Reino. Es hacer las
cosas a nuestra manera. Me encanta la forma en que Jesús
proyecta la responsabilidad que conlleva el nacer de nuevo
cuando responde a Nicodemo y le dice "No te maravilles de
que te dije: os es necesario nacer de nuevo." (Juan 3:7)

El creerse indispensable es estar caminando irresponsablemente
después de haber adquirido la responsabilidad de un nuevo
nacimiento del agua y del espíritu. Lo mismo se aplica cuando
alguien ha sido llamado a liderar y esa misericordia, privilegio y
favor de Dios en su vida, le hacen sentirse la pieza irreemplazable
dentro de una congregación. Todos los creyentes, seguidores
y líderes estamos esperando las bodas del Cordero de Dios,

porque todos hemos sido convidados, pero ¿cuántos de nosotros estamos vestidos de bodas? La respuesta puede ser más drástica al preguntarnos ¿cuántos de nosotros creyéndonos líderes indispensables estamos guiando la gente hacia nosotros y no hacia Cristo? Hemos provocado que Dios quite su mirada de nuestro liderazgo y ni siquiera estamos conscientes de ello. Cuando guiamos a la gente hacia nosotros, la alejamos de Jesús. El único indispensable en su liderazgo es Dios y no usted como líder. Si hay algo indispensable después de Dios en su liderazgo, es la gente que lo sigue. Sin la presencia de Dios y sin esas personas que también Él ha puesto a su alrededor para que lo complementen, usted nunca podría marcar alguna diferencia significativa, así viviera cien años robustos.

Al rey Nabucodonosor le fue necesario que pasaran sobre él siete tiempos hasta que reconociera que el Altísimo tiene el dominio en el reino de los hombres y que lo da a quien Él quiere. Luego de esta gran lección, viviendo de forma salvaje, inhumana y humillante al rey le fue restituido su reino y mayor grandeza le fue añadida (Daniel 4:25-36). Él mismo expresó lo bien que aprendió la lección "Ahora yo Nabucodonosor alabo, engrandezco y glorifico al Rey del cielo, porque todas sus obras son verdaderas, y sus caminos justos; y él puede humillar a los que andan con soberbia." (Daniel 4:37)

El líder de Dios sabe que no es la estrella del salón. El líder "estrella" es aquél que ha reconocido que no posee luz propia, sino que necesita de Dios y de su prójimo para poder brillar. En lo personal, en mis momentos de soberbia o de "indispensabilidad" le pido a Dios la suficiente debilidad para necesitarlo siempre y el sufrimiento necesario para sentir que estoy sirviendo y nunca olvidar que el líder es siervo de los que siguen a Cristo a través de él.

CINCO ESTRATEGIAS NO NEGOCIABLES PARA DEJAR DE SENTIRNOS INDISPENSABLES

1-IDENTIFÍQUESE CON EL ÉXITO DE SUS LÍDERES EMERGENTES

> *"He visto así mismo que todo trabajo y toda excelencia de obras despierta la envidia del hombre contra su prójimo..." (Eclesiastés.4:4)*

Tristemente son muy comunes en nuestra iglesia contemporánea los líderes envidiosos y celosos por el desempeño de alguien que está emergiendo. La envidia es un pecado que lleva a la decadencia al líder espiritual, ya que el líder es llamado a abrir camino y no a cerrar camino, a hacer brillar a otros y regocijarse por ello. Es fácil sincerarse con los demás en sus momentos críticos. Sin embargo todo cambia cuando se trata de celebrar los logros de otros. El autor de Eclesiastés descubrió este comportamiento y fue inspirado a escribirlo como una verdad eterna.

El líder que se cree indispensable se preocupa más por conseguir gente que lo siga que por desarrollar personas que lo sustituyan. Esto también refleja inseguridad personal e ignorancia de su llamado, si es que posee un llamado a liderar. A menos que empiece a alegrarse por el éxito de su gente, no será visto como líder ejemplar a la manera de Nuestro Señor Jesucristo. Algo que no debe olvidar es que terminar bien la carrera no sólo significa fidelidad, sino también ser digno de que su ministerio continúe aun después que se haya ido. Esto enmarca una gran verdad, y es que un día otro se sentará en su silla y calzará sus zapatos. La misión de usted como líder es desarrollar a alguien que se merezca su silla y calce bien sus zapatos. Entonces deje de ignorar el éxito de su gente y empiece a alegrarse de ello, porque usted no podrá ser llamado un líder de éxito si sus seguidores se mantienen en el mismo lugar. Además recuerde que su grandeza como líder no sólo es qué tantos logros usted alcance mientras viva, más bien es qué tanto perdura su legado después de su partida. Si su gente crece, usted crece.

¿Cuándo fue la última vez que celebró el éxito de un colega, hermano de la iglesia o líder emergente? Si ha pasado mucho tiempo o nunca lo ha hecho, quizá podría ser ésta la razón por la que su liderazgo no vaya a ningún lado. No olvide que la envidia le impide celebrar el éxito de los demás y también lo bloquea para que no disfrute de su propio éxito.

2- PRACTIQUE LA ACCESIBILIDAD

"...a todos me he hecho de todo, para que de todos modos salve a algunos. Y esto hago por causa del evangelio, para hacerme copartícipe de él." (1 Corintios. 9:22-23)

Sea accesible y cultivará relaciones. No se tome demasiado en serio, de lo contrario nadie estará inspirado a seguir su ejemplo o a ser solidario con su visión. Un gran ejemplo de cultivar relaciones positivas y duraderas es el matrimonio. En este debe haber desnudez hacia la otra persona no solo física, pero también mental y emocional. Esa sinceridad no se da al momento de casarse, sino durante el proceso de cultivo del matrimonio. Lo mismo se aplica a un líder y sus seguidores. ¡Es obvio que usted no tiene que desnudarse físicamente ante su gente! Sin embargo sus pensamientos y sentimientos serán reflejados en sus actitudes y acciones.

Como bien lo practicó el apóstol Pablo, ser líder no es ir adelante de todo el mundo. Es acoplarse al paso de los que necesita influenciar. Además la hazaña del liderazgo Cristo céntrico no está en a cuántos abrirá camino, sino en a cuántos abrirá paso hacia el verdadero camino. Recuerde que el liderazgo está dentro de usted y no en la silla donde se sienta. Puede ejercerlo desde cualquier lugar y no precisamente en el frente o arriba. Si Dios lo ha bendecido con una iglesia numerosa, cada domingo platique o salude a alguien con quien nunca haya conversado o visto antes. Haciendo esto, yo le garantizo que dejará de creerse indispensable y llegará a ser inolvidable.

Las personas nunca olvidan la cortesía de sus líderes. La gente olvidará fácilmente su mala teología pero siempre recordará el trato que reciba de usted.

Bájese de la cúspide y empiece a disfrutar del calor de la unidad del Espíritu Santo en su congregación. "Que vuestra gentileza sea conocida de todos los hombres. El Señor está cerca." (Filipenses 4:5). Por mucho la gente no abandona la iglesia sino el liderazgo defectuoso de quien la dirige.

3-SEA SABIO, ASÓCIESE

"Mejores son dos que uno; porque tienen mejor paga de su trabajo." (Eclesiastés 4:9)

Una de las razones por la que no nos asociamos es porque no tenemos el mismo sentir. Esto explica de alguna manera que el sentirse indispensable no proviene de aislarse o de no asociarse, sino de sentirse autosuficiente y superior a los demás. La persona autosuficiente en su propia opinión proyecta una aparente abundancia mental. En realidad lo que posee es una mentalidad de escasez, que no es la de Cristo.

Mi madre siempre me aconsejaba que fuera amable con todos, pero que no me asociara con cualquiera. El gran apóstol dijo a los romanos que fueran sabios para el bien e ingenuos para el mal, mientras les rogaba que se fijaran en los que causaban división y tropiezos y que se apartaran de ellos. (Romanos 16:17-19). Así mismo hizo saber a Timoteo a quiénes tenía que evitar cuando le advirtió acerca de los postreros días y sus peligros: "Porque habrá hombres amadores de sí mismos, avaros, vanagloriosos, soberbios, blasfemos, desobedientes a los padres, ingratos, impíos, sin afecto natural, implacables, calumniadores, intemperantes, crueles, aborrecedores de lo bueno, traidores, impetuosos, infatuados, amadores de los deleites más que de Dios, que tendrán apariencia de piedad, pero negarán la eficacia de ella; a estos evita." (2 Timoteo 3:2-5). Entiendo que muchos líderes han vivido malas experiencias asociándose con individuos que solo viven para sus vientres y que se aprovechan de la vida piadosa. No obstante, estos sinsabores del liderazgo en equipo sólo lo experimentan aquellos líderes que creen en el poder de la asociación para lograr grandes cosas.

En la epístola a los Romanos el apóstol Pablo menciona y saluda a treinta y cuatro de sus colaboradores, parientes y compañeros de sus prisiones. (Romanos 16:1-23) También hizo lo mismo en la carta a los Colosenses, la cual concluye haciendo referencia a diez de sus consiervos, ministros y hermanos en la fe. (Colosenses 4:7-17) El apóstol terminó bien su carrera no solamente por su perseverancia y fidelidad a Dios, sino también porque se dejó acompañar y fue íntegro con su gente, aunque también experimentó el abandono de todos: "En mi primera defensa ninguno estuvo a mi lado, sino que todos me desampararon; no les sea tomado en cuenta." (2 Timoteo 4:16)Y a pesar de este desamparo, cierra la segunda epístola a Timoteo mencionando a por lo menos nueve de sus amigos (2 Timoteo 4:19-21)

4- *INVIERTA EN LOS DEMÁS*

"Tan grande es nuestro afecto por vosotros, que hubiéramos querido entregaros no sólo el evangelio de Dios, sino también nuestras propias vidas..." (1Tesalonicenses 2:8)

Dejemos claro algo. Cuando decimos que estamos trabajando por amor a las almas perdidas pero no invertimos directamente en esas almas, lo que realmente estamos expresando es que las vemos como almas perdidas, pero no las apreciamos como tales. Es vergonzoso admitir que haya líderes "cristianos" que actúan como consumidores. Les encanta recibir pero nunca dan nada de sí mismos. También los hay de aquellos que se relacionan con su congregación al estilo de negociantes. Es decir que invierten en las personas sólo si les beneficia. Son líderes que bendicen si los bendicen pero ignoran a los que no pueden pagar favores, tratándoles como a cosas y no como a personas por las que Jesús murió.

Toda la doctrina Cristo céntrica enseña que el dador alegre es el que da a alguien que no puede devolver el favor. Jesucristo se dio así mismo por gracia. Ahora bien, cuan usted invierte en los demás ya sea tiempo, dinero o energías, no sólo recibirá beneficios monetarios, pero también espirituales y emocionales, ayudándole a dejar atrás el egoísmo y a fortalecer su carácter. Si usted invierte en alguien usted está sembrando y a esa siembra sin duda le procede una cosecha. Pero cuando invierta en una persona no se enfoque en la ganancia que usted obtendrá, sino en el beneficio que tendrá la persona con lo que usted invierta en ella. Su retribución le llegará de la forma que menos se imagina.

No olvide entonces que nuestro liderazgo fue hecho en el cielo pero el desarrollo es requerido aquí, en la tierra y que la mejor manera de desarrollarlo es invirtiendo en otros. Recordemos también la regla de oro "Y como queréis que hagan los hombres con vosotros, así también haced vosotros con ellos." (Lucas 6:31)

5-PÓNGASE EN EL LUGAR DE OTROS

"Mas él herido fue por nuestras rebeliones, molido por
nuestros pecados; el castigo de nuestra paz fue sobre él,
y por su llaga fuimos nosotros curados." (Isaías 53:5)

Aunque no hay nada humano que prevalezca, como regla inamovible humana, siempre deseamos que las cosas se hagan a nuestra manera y conveniencia.

El más grande e incomparable ejemplo de ponerse en lugar de otros es Nuestro Señor y Salvador Jesucristo. Todos los cristianos sabemos esto, mas no todos lo practicamos. "Pues para esto fuisteis llamados; porque también Cristo padeció por nosotros, dejándonos ejemplo para que sigáis sus pisadas." (1 Pedro 2:21)

En la medida en que usted pueda verse desde la perspectiva de otra persona será posible que pueda comprender sus pensamientos y sentimientos y así mismo solventar sus problemas y necesidades.

En lo personal no me agrada el cristiano que se siente "poca cosa". Tampoco el líder que se cree "la gran cosa". Ambos extremos son peligrosos. El primero desanima a los no creyentes y el segundo produce deserción en el cuerpo de Cristo. Usted debe hallar el sendero de la humildad, que se encuentra en la línea que separa lo inferior de lo superior. Recuerde siempre que cuando el líder se cree indispensable, sólo cuenta con una persona a su favor: él mismo. Como seres humanos es normal y hasta cierto punto saludable sentirnos orgullosos por nuestros logros espirituales, pero cuando ese sentir de importancia nos inspira a condenar a otros, nos convierte en legalistas. No olvide que Nuestro Señor tuvo más conflictos con los religiosos que con los pecadores. El líder "indispensable" es como un ascensor que sube vacío y si mientras baja no hay nadie que lo detenga, caerá también solo.

Capítulo Tres

EL LÍDER "PERFECTO"

*"Ciertamente no hay hombre justo en la tierra, que haga
el bien y nunca peque." (Eclesiastés 7:20)*

Ser íntegro no significa ser perfecto, sino hacer lo correcto.
Buscar la excelencia tampoco es sinónimo de perfección, sino
más bien es dar lo mejor de sí mismo. Una persona irreprensible
no es alguien perfecto, sino un individuo que posee un carácter
aceptable. Las personas organizadas no son perfectas, sino más
bien disciplinadas.

Caminar en santidad no significa ser perfecto, sino apartarse
y someterse a Cristo. Los creyentes que andan en el espíritu
no son perfectos, pero sí han determinado vivir para el Señor
y están comprometidos a adorarle en espíritu y en verdad. Ser
cristiano es aceptar, creer y hacer lo que Jesucristo dijo e hizo.
No es ser perfecto. Nacer de nuevo es una segunda oportunidad
y no es perfección. La salvación no es para los perfectos. Más
bien es para los imperfectos que hemos alcanzado gracia y
misericordia.

Entonces usted se preguntará ¿Hay alguien perfecto? ¿Qué significa ser perfecto? El único perfecto es Nuestro Señor Jesucristo y ser perfecto es no cometer pecado, "... sino uno que fue tentado en todo según nuestra semejanza, pero sin pecado." (Hebreos 4:15) "Y Si decimos que no hemos pecado nos engañamos a nosotros mismos, y la verdad no está en nosotros." (1 Juan 1:8)

Tratar de impresionar a los demás proyectando lo que no es realmente, le convertirá en un perfecto insensato. Cualquier líder pretencioso nunca influirá en la vida de las personas para bien de su liderazgo. La gente pronto se dará cuenta que no es genuino y dejará de seguirle. Las personas que conviven con usted conocen sus fortalezas y debilidades, de modo que admitir o reconocer ante ellas sus defectos y virtudes es una acción sabia que le hará ganar influencia. Asimismo cometer errores, admitirlos y pedir perdón le ayuda a ser más accesible porque es una acción de humildad y los humildes son confiables.

Otro aspecto en el que fallamos muy a menudo es querer aparentar que como líderes tenemos todas las respuestas y no aceptamos consejos o ideas que no tengan nuestro sello.

Querer impresionar a la gente es tan absurdo como tratar de complacerla. Trate de hacer lo correcto, no de ser perfecto. Permita que Dios obre en usted y a través de usted. Después de todo con las personas no quedará bien, ni siendo genuino ni mucho menos aparentando lo que no es. Si empieza a querer demostrar que es experto en todo, pronto dejará de ser agradable y las personas no caminan en compañía de alguien desagradable. Recuerde que el respeto se gana haciendo lo correcto, no siendo perfecto.

El éxito no se alcanza sin cometer errores. La escalera del éxito tiene más peldaños de fallas que de aciertos. Además, lo que antecede a la excelencia es la imperfección, no lo perfecto. De manera que el mejor candidato para ser excelente es alguien imperfecto. Lo mismo que el mejor candidato para ser salvo es un pecador o el prospecto ideal para ser exaltado, es el que se humilla y el aspirante propicio para ser sanado, es aquel que adolece de una enfermedad.

Si usted quiere que Dios lo mire de cerca, entonces haga lo correcto y acepte su imperfección. "Sed, pues, vosotros perfectos como vuestro padre que está en los cielos es perfecto." (Mateo 5:48). El Señor se estaba refiriendo a hacer lo correcto practicando la ley del amor sin hacer acepción de personas. El que ama a su prójimo no es perfecto, pero sí ha permitido que la gracia y el amor de Dios lo encaminen a la perfección en Cristo. Apartarse del mal no es ser perfecto, sino inteligente.

CINCO CONSEJOS PARA EVITAR EL PERFECCIONISMO EN NUESTRO LIDERAZGO

1-SEA FIRME, PERO FLEXIBLE

"Y se acordaba de su pacto con ellos, y se arrepentía conforme a la muchedumbre de sus misericordias."
(Salmos 106:45)

Tenemos un Dios firme en sus promesas, pero flexible en su misericordia. Entre otros muchos ejemplos bíblicos tenemos la historia de Jonás y la ciudad de Nínive, la enfermedad de Ezequías y otras misericordias con el pueblo de Israel en el desierto. Nótese en el texto del encabezado que Dios hizo un pacto eterno con Abraham. Por tal razón, en varias ocasiones de desobediencia del pueblo, Jehová desistió de hacerle el mal que había predicho.

El líder que posee sabiduría no necesariamente es el que siempre toma las decisiones correctas, pero si aquel que sabe cambiar de opinión cuando se da por enterado que ha tomado una mala decisión. El líder Cristo céntrico tiene que ser firme en lo que se refiere a los principios absolutos de Dios, pero debe ser flexible y acomodarse a las circunstancias cambiantes de su liderazgo. Muchas veces nos mantenemos a la defensiva de nuestros puntos de vista y queremos justificar a toda costa nuestras malas decisiones para aparentar no ser fluctuantes o imperfectos.

Mantenerse en las malas decisiones afectará su reputación como líder y empañará la eficacia de su influencia ante las personas que esté dirigiendo. No hay obra oculta que no haya de ser revelada. No olvide que toda decisión buena o mala produce efectos. Las malas decisiones son más dañinas cuando permanecen ocultas y son descubiertas después de algún tiempo.

Ser preciso, veraz o decisivo no significa ser perfecto. Éstas sólo son cualidades de alguien firme y transparente. Cuando su fe es constante y firme, entonces puede ser flexible según la situación que el pueblo de Dios esté atravesando. No debe cambiar la teología porque es soberana y eterna, pero puede utilizar nueva metodología si quiere obtener mejores resultados de acuerdo a las circunstancias. Como líder usted debe aprender a diferenciar entre sus preferencias personales y sus principios. Sus preferencias personales se reflejan en lo que usted quiere y sin esfuerzo le gusta. Sus principios se ven en lo que usted necesita y que con esfuerzo le llegará a gustar.

El querer aparentar que es perfecto le impide aceptar que está equivocado y con esto, al mismo tiempo que causa desánimo en aquellos que Dios puso para complementarle reduce la confianza en su liderazgo. Debe aprender a ceder y a cambiar de opinión cuando sea necesario para avanzar. No olvide que salirse de una mala decisión es tomar una buena decisión.

¿Cuándo sé qué es una mala decisión? Un ejemplo entre muchas de las malas decisiones en el liderazgo cristiano son aquellos proyectos que ni glorifican a Dios y tampoco benefician a otros y que sólo retribuyen al líder egocéntrico que los plantea. Un líder ejemplar muchas veces toma decisiones que no le benefician directamente a él, pero sí a la obra de Dios y al pueblo que lidera. Si usted como líder de Dios no se adapta a las condiciones de su gente y a la época podría estar haciendo las cosas a su manera y no a la manera de Cristo.

2-CONSIDERE EL CONSEJO DE OTROS

"Los pensamientos son frustrados donde no hay consejo, mas en la multitud de consejeros se afirman."
(Proverbios 15:22)

"Los pensamientos con el consejo se ordenan..."
(Proverbios 20:18)

"Y en la multitud de consejeros está la victoria."
(Proverbios 24:6)

Es imperante que usted como líder considere el sentir de su círculo íntimo. Incluso el de toda su congregación para que pueda hacer las cosas de la mejor manera y no necesariamente a su manera. Usted podrá tener recursos, capacidad y experiencia, pero si no sabe trabajar con estrategias ajenas podría quedarse estático y sin liderazgo. No se trata de competir por una idea entre usted y su equipo. Aquí la mejor idea será la que produzca una estrategia que le retribuya un beneficio mutuo y colectivo. Es decir que beneficie a toda la congregación y no solamente a usted y a su gente más cercana.

Dé la bienvenida a las ideas de otros. Siempre hay una mejor manera de hacer las cosas y no es precisamente a su manera. Por naturaleza el ser humano quiere sentirse orgulloso de ser el precursor de algo nuevo y gozar de la importancia de que las cosas lleven su sello. Sin embargo, tanto la historia bíblica como secular demuestran que los hombres y las organizaciones que han alcanzado la grandeza, lo lograron debido a que se dejaron aconsejar por Dios y por otros que Él había enviado, como en el ejemplo tan excelente de Moisés y Jetro.

Hagamos a un lado el orgullo y consideremos los consejos que Dios quiere darnos a través de los demás. Si fuere necesario rechazarlo, diga no al consejo de la persona, mas nunca rechace a la persona en sí. Esto le garantiza nuevas oportunidades de ser aconsejado en el futuro. Cuídese también de no hacer acepción de personas dejándose llevar por las apariencias. Podría perderse de grandes ideas y consejos de parte de Dios.

Nos preguntamos a veces ¿Por qué Dios no nos da ideas o estrategias directamente a nosotros si no que envía a otros para aconsejarnos? Como respuesta a nuestro falso orgullo y perfeccionismo Dios deposita en otros las ideas que usted y yo necesitamos. De esa manera también nos hace ver nuestros errores por medio de los demás. Este fue el caso del rey David y el profeta Natán.

Leí una frase muy cierta: "No es si necesita a los demás o no, sino ¿cuánto los necesita?" No estoy sugiriendo que usted como líder no defienda sus ideas y las estrategias que Dios le da. No puedo aconsejarle tal cosa porque eso le restaría pasión a su visión y un líder sin pasión carece de seriedad y aceptación ante la gente. Siga defendiendo sus sueños, valores y principios. Pero reconozca que cuando consideramos las ideas y consejos de otros y convertimos la mejor estrategia en "nuestra" y no en "mía solo mía" ganamos amigos y almas para Cristo y el Santo Evangelio se expande.

3-PROMUEVA EL EVANGELIO, NO SU CRITERIO

"Y esta es la vida eterna: que te conozcan a ti, el único Dios verdadero y a Jesucristo a quien has enviado."
(Juan 17:3)

"Porque no nos predicamos a nosotros mismos, sino a Jesucristo como Señor, y a nosotros como a vuestros siervos por amor de Jesús." (2 Corintios 4:5)

Cada líder debe saber diferenciar entre sus responsabilidades personales y sus tareas ministeriales. Como ministro de Dios usted demuestra que le interesan las almas. Pero afuera de la esfera teológica usted proyectará sus intereses personales y la pregunta es: ¿sigue interesado por las almas? Su vida profesional o ministerial es su imagen ante la gente, pero su vida personal es lo que usted es realmente. Tanto en lo ministerial como en lo personal usted tiene que ser agradable a Dios y ser irreprensible ante el mundo.

Verifique si su agenda está enfocada en promoverlo a usted o en exaltar a Cristo. Si su propósito es agrandar su prestigio personal tiene que cambiar el enfoque a promover a Jesucristo y su Santo Evangelio. Eso es liderazgo Cristo céntrico.

Debido a la proliferación de "ministerios" que se proyectan ser mejores que otros promoviendo sus estilos, gustos, criterios, dogmas y estrategias es que surge la distorsión del Evangelio de Cristo. A los líderes a cargo de estos movimientos no puede dárseles una sugerencia o consejo ya que proclaman poseer la mejor revelación y doctrina. La mejor doctrina no es la suya, tampoco la de ellos y peor aún mi doctrina, si es que pudiéramos tener una. La mejor, única e infalible doctrina es la de Nuestro Señor Jesucristo y Él la revela a quien Él quiere. Si usted quiere a toda costa hacer que su punto de vista gane perderá tanto el favor de Dios como el apoyo de las personas.

No hay ningún problema con ser un líder cristiano "famoso", siempre que usted siga promoviendo el Glorioso Evangelio de Cristo Jesús y no se olvide de su Iglesia. La contrariedad surge por la constante promoción de un logo y hasta de la vestimenta del líder. Al utilizar el pueblo de Dios para propaganda personal, usted se está moviendo solo. Cristo no va con usted y su pueblo tampoco irá. Si el anterior es su caso arrepiéntase y cambie su enfoque, de lo contrario la caída de su liderazgo será inminente.

No se afane en promoverse a sí mismo. Comience a honrar y a promover al Dios que lo llamó. Él se goza en honrar a los que le honran. El líder que se cree perfecto se ha olvidado que sólo puede ser perfecto en Cristo y que toda promoción egocéntrica lo alejará del Varón Perfecto. El apóstol Pablo dijo a los gálatas: "Estoy maravillado de que tan pronto os hayáis alejado del que os llamó por la gracia de Cristo, para seguir un evangelio diferente. No que haya otro, sino que hay algunos que os perturban y quieren pervertir el evangelio de Cristo." (Gálatas 1:6-7)

4-NO TRATE DE IMPRESIONAR, SEA GENUINO

"Más vale el despreciado que tiene servidores, que el que se jacta, y carece de pan." (Proverbios 12:9)

Tratar de impresionar es una manera de competir. No hay nada de malo en promover la competencia, siempre que sepamos canalizarla positivamente. Como líder usted no debe enfocarse en aparentar ser el mejor del equipo, sino en permitir que los demás lleguen a ser mejores. Cuando su equipo mejore entonces usted será mejor.

Recuerde también que el líder no es llamado a ser obstáculo del crecimiento, él es el impulsor del desarrollo. Si usted empieza a competir egoístamente en vez de permitir que otros lo complementen bloqueará tanto el crecimiento individual como el colectivo.

El líder pretencioso posee una mentalidad de escasez. Está obsesionado en defender y promover el "yo". Es un destructor de confianza, quiere ganar siempre y se satisface a sí mismo cuando otros pierden. Para un presuntuoso sus ideas son grandiosas pero las de otros son inútiles. Ser genuino produce influencia. El doblez de carácter engendra desconfianza.

5-NO CREA TODO LO QUE LA GENTE DICE DE USTED.

"¡Ay de vosotros, cuando todos los hombres hablen bien de vosotros! Porque así hacían sus padres con los falsos profetas." (Lucas 6:26)

"Hermanos míos, no os extrañéis si el mundo os aborrece." (1 Juan 3:13)

Si escucha y cree todo lo bueno que se dice de usted podría estar alimentando la arrogancia con palabras lisonjeras que están lejos de ser elogios verdaderos. El otro extremo sería oír y creer todo lo malo acerca de su liderazgo. Esto puede hacerle sentir inseguro e inferior provocando un desenfoque de su propósito y estancando el desarrollo de sus capacidades.

El líder inteligente cree sólo la mitad de lo que se dice de él y de su forma de dirigir ya sea positivo o negativo. El líder sabio sabe distinguir cuál es esa mitad.

No olvide que aparte de usted mismo, el otro obstáculo que le impide desarrollar su potencial es tratar de complacer a medio mundo. Usted debe entender que para encontrar gracia ante los hombres tiene que recibir primero la gracia y el favor de Dios.

El gran apóstol lo expresó de esta manera: "Pues ¿busco ahora el favor de los hombres o el de Dios? ¿O trato de agradar a los hombres? Pues si todavía agradara a los hombres no sería siervo de Cristo." (Gálatas. 1:10)

Pero es imperante obedecer a Dios antes que a los hombres y a causa de tener la gracia y el favor de Dios sobre nosotros, seguiremos siendo desagradables para el mundo.

El líder que se cree perfecto es igual a un ascensor cuyas puertas están bloqueadas. No hay manera que pueda llevar a alguien con él.

Capítulo Cuatro

NUESTRA PRIMERA POSICIÓN: UN TRAMPOLIN O UN TOPE

"No un neófito, no sea que envaneciéndose caiga en la condenación del diablo." (1 Timoteo 3:6)

Deseo dedicar este capítulo a todos los líderes emergentes. El potencial de un líder nuevo puede verse amenazado con la primera oportunidad de liderar ya que tiene dos opciones: crecer o decrecer. La primera posición es un gancho directo al carácter. Si lo bloquea puede continuar en el cuadrilátero del liderazgo pero si es conectado prepárese para la cuenta regresiva.

Cuando usted posee un llamado y recibe una posición en el liderazgo espiritual es por dos razones básicas. La primera es que usted obtuvo la gracia y el favor de Dios ante su líder. La segunda es que Dios motivó a su líder a que observara su desempeño y lo iniciara en el liderazgo. Todo en el tiempo perfecto de Él.

Ahora bien, asegúrese de descubrir si hay gente a su favor aunque usted no tenga una posición. Porque si antes de tener una posición de liderazgo no hay gente siguiéndole, deberá tener cuidado con las personas que se le acerquen cuando ya tenga la oportunidad de liderar. Además usted debe recordar que el liderazgo espiritual no es una posición que se gana, sino un don que se recibe. Por lo tanto Dios, quien le dio el regalo, le pondrá la gente que le siga y complemente.

Si usted ha sido llamado pero no tiene una posición, con seguridad puedo decir que usted tiene seguidores. Ahora, si usted tiene una posición, pero carece de un llamado, podría estar rodeado de oportunistas. Existe una gran diferencia entre aquél que posee un llamado y el que depende de una posición. Si no ha sido llamado tendrá influencia y respeto mientras tenga una posición, un título o pague un salario, es decir, por conveniencia. Este tipo de liderazgo no prevalece en el cristianismo. Pero la influencia que Dios da al que Él llama, es poderosa y la gente trabaja gustosamente aunque no haya un salario de por medio. El mismo poder del supremo llamamiento de Dios transforma al líder para que se conduzca de manera que pueda persuadir y esté lejos de manipular.

En otras palabras, podemos tener títulos, posición, la ropa y el porte para lucir como líderes e imaginar que la gente nos seguirá. Pero analice por qué el rey David recibió diez miles y no tenía posición. También observe el hecho de que Pablo impactó la iglesia con lo que escribió y con lo que hizo y no fue por sus títulos, sino porque se olvidó de ellos. Nuestro Señor Jesucristo es el máximo ejemplo de liderazgo y no porque vive por los siglos de los siglos. Lo es porque un día abandonó su posición y decidió morir por usted y por mí. Claro que resucitó y fue glorificado, pero nos dejó el ejemplo de negarse a sí mismo sacrificándose por el bienestar de otros. Eso es liderazgo.

También es necesario que como líder emergente esté seguro si la visión proviene de sus inclinaciones personales o del corazón de Dios. Porque si nació de usted la cumplirá para satisfacción personal y demostrarse a sí mismo que es capaz de lograr algo. Por otro lado, si la visión es de Dios la cumplirá con la ayuda de Él, para gloria de Él y para bendecir a su pueblo.

La visión secular proviene del ser humano y es del tamaño de la capacidad y ambición de cada individuo. Por tal razón sólo se necesita enfoque, un poco de sacrificio y perseverancia para tener éxito. Pero la visión espiritual proviene de Dios y es más grande que el hombre que la posee. Por lo tanto no le bastarán sus fuerzas para alcanzarla. Dios habrá de demostrarle que sin Él nada se puede hacer.

Decida como usará la primera oportunidad de liderar. Si la usa a su favor y para agrandar su prestigio no influenciará más allá de su sombra. Pero si la utiliza para glorificar a Dios y ayudar a otros, entonces el Señor honrará su liderazgo y usted impactará las futuras generaciones.

A continuación encontrará algunas opciones para considerar en su primera oportunidad de liderazgo. Su primera posición es como un ascensor, usted decide si la usa para subir o para bajar:

1-SU PRIMERA POSICIÓN ES UNA OPORTUNIDAD PARA SERVIR Y NO PARA SER SERVIDO

> *"Entonces el rey Roboam pidió consejo a los ancianos que habían estado delante de Salomón su padre cuando vivía, y dijo: ¿Cómo aconsejáis vosotros que responda a este pueblo? Y ellos le hablaron diciendo: si tú fueres hoy siervo de este pueblo y lo sirviereis, y respondiéndoles buenas palabras les hablares, ellos te servirán para siempre."* (1 Reyes 12:6-7)

Un líder siervo consigue seguidores y obtiene resultados por medio de la persuasión e influencia. Alguien que se sirve obtiene el desempeño a través de la manipulación y la imposición, pero no consigue seguidores. Ordenar o mandar que se hagan las cosas es una característica de alguien que le gusta sentirse jefe y tener servidores. Un verdadero líder siempre persuade con el ejemplo. Su gente hace las cosas por convicción y porque es necesario hacerlas. El líder que busca ser servido valora más las cosas. El líder servidor valora más las personas.

Nuestra primera posición es una oportunidad para demostrar qué hay en nuestro corazón: altruismo o egoísmo.

De igual forma que no todos sacamos provecho de los momentos difíciles de la vida, no todas las personas saben canalizar el poder cuando se les concede. Con frecuencia esa autoridad recibida les hace creerse indispensables, inamovibles y súper humanos.

No olvide que esa autoridad dada a usted a través de los hombres, proviene de Dios. Recuerde también que aunque alguien le nombre como líder, no lo será hasta que logre grabar en la mente y corazón de las personas que realmente lo es. No por lo que diga, sino por lo que haga. Tampoco por los métodos que use sino por los resultados que obtenga.

Su primera posición no significa que medio mundo lo seguirá, pero sí es la oportunidad para volar las alturas que Dios designó para usted, glorificándole a Él y sirviendo a otros. Pero si cree que con su primera posición todos deberán inclinarse ante usted ya empezó a aterrizar antes de alzar el vuelo.

2-SU PRIMERA POSICIÓN ES UNA OPORTUNIDAD PARA SEGUIR CRECIENDO COMO ALUMNO Y NO PARA CREERSE MAESTRO

"Dame ahora sabiduría y ciencia, para presentarme delante de este pueblo; porque ¿quién podrá gobernar a este pueblo tan grande? (2 Crónicas 1:10)

La sabiduría para liderar que Salomón adquirió de parte de Dios fue ofrecida a su hijo Roboam por medio de los ancianos. Sin embargo el novato rey prefirió el consejo de los jóvenes inexpertos de su generación.

Una característica no negociable que usted debe poseer como líder es ser aprendiz toda la vida que Dios le permita vivir. No podrá ayudar a otros a crecer y a desarrollarse si usted no está creciendo y mejorando. Su primera posición es la plataforma de crecimiento en Dios, como seguidor de Cristo y servidor de su pueblo. Usted debe ser sabio y aprender de los demás. Si está predispuesto a enseñar todo el tiempo creyendo que tiene todas las respuestas, pronto descubrirá que la gente lo juzgará más por lo que es y hace que por lo sabe.

Cuando se le conceda una posición en el liderazgo espiritual empiece a desarrollarse con base en los siguientes pilares:

- Descubra sus fortalezas y debilidades.
- Defina sus valores, manténgalos y defiéndalos.
- Sea genuino.

El descubrir sus áreas fuertes y débiles le facilitará saber lo que puede hacer y lo que no es capaz de llevar a cabo, en relación a sus dones y capacidades. Esto le ayudará a discernir con claridad lo que usted tiene que hacer y lo que bien puede delegar.

El definir sus valores, mantenerlos y defenderlos lo conducirá a que usted pueda reconocer lo que beneficia y lo que perjudica su integridad. Es decir, lo que debe y lo que no debe hacer. Este proceder lo convertirá en un líder firme e íntegro.

Sus valores y creencias definen su carácter y le ayudan a actuar correctamente respetando el derecho de los demás. El compromiso con sus valores le ahorrará tiempo, energías y hasta finanzas, porque le evitará pagar el precio tan elevado de poseer un carácter fluctuante y falto de integridad, el cual no sólo desagrada a Dios, sino que también le hace perder respeto y confianza ante la gente.

Ser genuino es practicar sus valores. No trate de impresionar a nadie. Mejor déjese impresionar permitiendo que Dios impacte a la gente por medio de usted. La pretensión decepciona lejos de motivar. Actuar con genuinidad es ser transparente. Esto a la vez que produce credibilidad le marca el camino a convertirse en un agente de influencia. Ser genuino le hará ganar influencia en cualquier lugar que se encuentre y no necesariamente detrás de un esplendoroso escritorio o dentro de un lujoso traje.

Su primera posición no significa que ya terminó de escribir su libro como líder. Es sólo la oportunidad de empezar a escribir la primera hoja de ese libro. Es la introducción y no la conclusión de su liderazgo.

3-SU PRIMERA POSICIÓN ES LA OPORTUNIDAD DE IMPULSAR A LAS PERSONAS Y NO DE ESTANCARLAS

"Y les habló conforme al consejo de los jóvenes, diciendo: mi padre agravó vuestro yugo, pero yo añadiré a vuestro yugo; mi padre os castigó con azotes, mas yo os castigaré con escorpiones." (1 Reyes 12:14)

¿Cómo ve a las personas desde su posición? ¿Cómo ve a los que le sirven? ¿Cómo ve a quienes usted sirve? ¿Está promoviendo líderes emergentes? ¿Está estancando líderes en potencia?

Su primera posición es la oportunidad para mover a las personas de donde se encuentran hacia un lugar mejor. Para beneficio de ellas y no para conveniencia suya. Cada ser humano tiene el deseo de ser importante. Todos anhelamos encontrar a alguien que nos valore. Si como líderes espirituales empezamos a utilizar a las personas para alcanzar grandeza es que realmente no nos interesan sus almas.

Tome su primera oportunidad de liderar como un reto para ayudar a la gente a crecer y a que puedan descubrir sus propósitos. Haga suyo el desafío de motivar a otros a soñar, formularse metas y convencerse de que sí son capaces de alcanzarlas. No usando palabras lisonjeras, sino poniéndose en la brecha como Cristo lo hizo por usted y por mí.

Si usted es alérgico al éxito de los demás, posiblemente usted tenga una motivación personal y no un llamado celestial. El liderazgo Cristo céntrico tiene que ver con creer, invertir y desarrollar a otros. También servir, amar y sacrificarse por personas para que éstas sean mejores. No hay opción. El máximo líder, Jesús, lo hizo primero.

4-SU PRIMERA POSICIÓN ES LA OPORTUNIDAD PARA ACEPTAR SUS DEBERES Y NO PARA EXIGIR SUS DERECHOS

> *"Si nosotros sembramos entre vosotros lo espiritual, ¿Es gran cosa si segaremos de vosotros lo material? Si otros participan de este derecho sobre vosotros, ¿Cuánto más nosotros? Pero no hemos usado de este derecho, sino que lo soportamos todo, por no poner ningún obstáculo al evangelio de Cristo." (1 Corintios 9:11-12)*

Si usted exige primero sus derechos y no cumple con sus responsabilidades, sus derechos irán en decadencia. Sin embargo, si acepta sus responsabilidades y las cumple, sus derechos estarán en ascenso. Entonces aprenda a ver su liderazgo como un privilegio y no como un derecho.

En el área del respeto, no podrá ganarlo exigiéndolo. Si usted exige respeto conseguirá que la gente le tenga temor y sea desleal. Los seguidores sólo respetan sinceramente a aquellos líderes que se ganan su admiración impactando sus vidas. Cuando ceden derechos, aceptan deberes y los cumplen. En su primera posición, usted deberá demostrar que está apto para recibir mayores responsabilidades y merecer los beneficios de un liderazgo exitoso.

Dios paga bien, pero los bonos y el aumento lo reciben aquellos que trabajan "tiempo extra" sin ambiciones vanas ni murmuraciones. Los que gustosamente glorifican a Dios sirviendo a la iglesia de Cristo. El apóstol Pablo lo expresó de esta manera: "Pero yo de nada de esto me he aprovechado, ni tampoco he escrito esto para que se haga así conmigo; porque prefiero morir, antes que nadie desvanezca esta mi gloria." (1 Corintios 9:15)

Su primera responsabilidad es dar a conocer a Cristo y su poderoso evangelio. Eso no se logra exigiendo derechos, sino siendo responsable y obediente al llamado de Dios. Es liderar hacia el Señor y no hacia usted. Permita que los buenos resultados del cumplimiento de sus responsabilidades reclamen sus derechos por usted. Dicho de otra manera, antes de exigir derechos produzca buenos resultados.

Cuando se le conceda una posición piense en qué logrará a favor de otros. Si a usted se le concede poder, úselo para alcanzar a más personas, influenciarlas y servirles. De esta manera usted empezará a producir resultados que le harán ganar más autoridad e influencia, fortaleciendo su liderazgo con más confianza y respeto. No espere que la gente le extienda una mano de ayuda mientras usted le aprieta el corazón.

5-SU PRIMERA POSICIÓN ES UNA OPORTUNIDAD PARA ACTIVARSE NO PARA ACOMODARSE

"Esfuérzate y se valiente;... Solamente esfuérzate y se muy valiente,... Nunca se apartará de tu boca este libro de la ley, sino que de día y de noche meditarás en el,... Mira que te mando que te esfuerces y seas valiente;..."
(Josué 1:6-9)

El liderazgo espiritual es una suma encadenada de esfuerzo y acciones del líder cuyo resultado es la salvación de sus seguidores.

Fe + Acción = Riesgo

Movimiento + Cambio = Crecimiento

Impacto + Influencia = Almas para Cristo.

Si mira el liderar como algo que usted se merece, estará conforme con su primera posición, vivirá protegiéndola y se olvidará que el liderazgo es más impactar el futuro que el presente. Si nos acomodamos con nuestra primera posición quizá impactemos nuestros días, pero no impactaremos los días de las futuras generaciones. El liderazgo es impactar a otros y las nuevas generaciones de éstos.

Los líderes en potencia no abandonan la iglesia. Desertan por el liderazgo inseguro, pasivo y conformista que le teme al cambio. Usted no necesita una posición o título para accionarse. Olvídese de su posición y enfóquese en su llamado y en el potencial que Dios le ha dado para gloria de Él y beneficio de otros. Nunca olvide que recibir una posición de liderazgo es un suceso en un día. Sin embargo mantener el liderazgo en una posición puede significar un proceso de toda su vida. Permítame sugerirle que aprenda a incomodarse con su éxito presente. Esto le provocará insatisfacción y le motivará a ser mejor.

La conformidad produce pereza y ésta a su vez pobreza. La gratitud produce perseverancia, que producirá logros. Sólo el que es agradecido se mantiene activo. Aquel que piensa que ya llegó al final de su destino con su primera posición se olvida de ser agradecido, se estanca él y bloquea a otros. El conformista nunca impactará más allá de su sombra y cuando se le haya despojado de la posición adquirida se dará cuenta que las personas son más valiosas que una posición.

Preserve la influencia con su gente, manténgase activo y siempre habrá posición. Descuide su influencia ante su gente, acomódese y perderá su posición. Después de todo ¿de qué sirve un gran maestro en una aula vacía? Si no hay gente, no hay necesidad de un líder.

Dios mando a Josué a activarse, lo cual denota la responsabilidad que conlleva el ser llamado por Dios. Él no llama a holgazanes. Al estudiar la vida de Josué descubrimos que él siempre se mantuvo activo y sometido al liderazgo de Moisés. Eso lo convirtió en el candidato por excelencia para sucederlo e introducir al pueblo a la tierra prometida.

6-SU PRIMERA POSICIÓN ES UNA OPORTUNIDAD PARA HONRAR SUS TÍTULOS Y NO PARA QUE SUS TÍTULOS LO HONREN

"Y aun antes de ahora, cuando Saúl reinaba sobre nosotros, eras tú quien sacabas a Israel a la guerra, y lo volvías a traer..." (2 Samuel 5:2)

El rey David honró su título antes de recibirlo. Son dignas de admiración y ejemplo de perseverancia las personas que han logrado maestrías, doctorados o que han recibido algún otro título honorario. Sin embargo el liderazgo espiritual, si bien se fortalece con el conocimiento humano, sólo se alimenta y desarrolla con el conocimiento de Dios. El saber lo dará a conocer como líder, pero el ser lo establecerá como tal. Por consiguiente, así como perseveró para alcanzar sus títulos también es necesario que sea constante para afirmar su carácter.

Nuestros títulos bien pueden abrir puertas para conseguir una posición, pero un carácter defectuoso inevitablemente las cerrará.

Los diplomas son suyos, usted se los ganó. Mas debe saber que para ganar influencia y confianza con las personas sólo necesita ser usted mismo transparente y genuino sin títulos de por medio. Además sepa que la insignia de líder se lleva en el corazón y no en la frente. Porque líder no es aquel que se hace notar, sino aquel que se deja sentir. Su comportamiento honrará su conocimiento. No es importante lo que usted dice que sabe hacer, sino lo que usted demuestra ser con sus acciones.

En el liderazgo secular usted es líder porque tiene una posición, pero en el liderazgo espiritual usted posee una posición porque es líder. Secularmente usted debe ser nombrado, pero espiritualmente tiene que ser llamado. Honre su título de "líder de Dios" y Dios le honrará a usted.

7-SU PRIMERA POSICIÓN ES UNA OPORTUNIDAD PARA RELACIONARSE Y NO PARA AISLARSE

"Por lo cual, siendo libre de todos, me he hecho siervo de todos para ganar a mayor número." (1 Corintios 9:19)

Para influenciar a la gente tiene que ser accesible a relacionarse con ella. No se puede producir confianza si no se da confianza. Jesucristo mismo se relacionaba con publicanos y pecadores y Pablo, su apóstol, siguió sus pisadas.

No quiero decir que nuestro liderazgo sea una fiesta de relaciones pero con mejores relaciones, obtendrá resultados excelentes. También debe aplicarse un balance de gracia y verdad. Ni mucha gracia que provoque desenfreno ni mucha verdad que produzca rebeldía. Cuando usted se relaciona correctamente produce dos resultados por este especial vínculo entre usted y su gente:

- En tiempo de celebración se disfruta más.
- En época de trabajo se produce más.

Entonces si quiere que su gente se alegre con sus éxitos y llore por sus fracasos usted tendrá que dar el primer paso siendo solidario. Usted no debe caer en servilismo ni en la arrogancia. No olvide que si bien hay personas realmente necesitadas también existe gente aprovechada. Asimismo están los verdaderos amigos que le ayudaran a bendecir a los necesitados y a protegerlo de los vividores.

Muchos líderes emergentes se aíslan de sus amigos creyendo erróneamente que ya no los necesitan. Déjeme recordarle que es muy cierto que con perseverancia y talento se obtienen buenos resultados y se impacta el presente. Sin embargo con mejores relaciones se mejoran los resultados y se impacta el futuro. Esto es trabajo en equipo y liderazgo efectivo. Debemos ser agradables con todos, pero tenemos que ser cuidadosos y escoger con quienes nos asociamos. Si quiere ganar almas para Cristo que su gentileza sea conocida de todos los hombres... (Filipenses 4:5)

Capítulo Cinco

SERVIDOR O SERVIL

"Pues, ¿busco ahora el favor de los hombres, o el de Dios? ¿O trato de agradar a los hombres? Pues si todavía agradara a los hombres, no sería siervo de Cristo."
(Gálatas 1:10)

El máximo ejemplo de liderazgo de Nuestro Señor Jesucristo, fue hacer la voluntad del Padre. Ahí yace la diferencia entre un servidor y un servil. El servilismo demuestra excesiva sumisión al hombre mas no a Dios. Por tal razón se define a alguien servil como aquél que sirve por interés o conveniencia. Nunca hay una entrega verdadera de sí mismo. Por otro lado un verdadero servidor está sometido a Dios para servir a su prójimo sin palabras lisonjeras o adulaciones que en lugar de impulsar a las personas las estancan. El sometimiento a Dios que caracteriza a un líder siervo le permite no sólo ser un líder ejemplar, sino también ser un verdadero seguidor al dar cuentas de su liderazgo a otro líder.

Referente a su gente, todo líder debe pararse entre el servilismo y la arrogancia porque allí es el lugar para la mansedumbre. Pero en cuanto a Dios, el líder deberá estar en completa sumisión en todo tiempo. Un líder servil no refleja compromiso con Dios, ni tampoco sacrificio por el prójimo. Todo esfuerzo lo hace para beneficio personal. Un líder siervo sabe que si no refleja un compromiso genuino con Dios, no tendrá la lealtad de la gente. Además, para que un líder no pierda el gozo ante personas mal agradecidas tiene que estar comprometido con Dios y no con el hombre. Todo líder Cristo céntrico debe llevar en su liderazgo el sello del compromiso con el Señor. De no ser así podría estar cayendo en servilismo tratando de complacer a la gente para mantenerse a flote.

Analice los siguientes comportamientos e identifique si están ocurriendo en su liderazgo. Establezca un balance que podría evitarle convertirse en un líder servil, muy lejos de ser un líder a la manera de Cristo.

1-ESTÁ PREMIANDO MÁS EL ESFUERZO QUE LOS RESULTADOS

> *"Y seréis aborrecidos de todos los hombres por causa de mi nombre; mas el que persevere hasta el fin este será salvo." (Mateo 10:22)*

Dios no le dejará ni le desamparará. Él estará con usted hasta el fin del mundo. Mientras estamos corriendo el Señor nos incentiva, nos da fortaleza y nos elogia siempre que somos obedientes. Pero recuerde que el premio sólo se lo lleva el atleta que cruza la meta. Si el que corre recibe la medalla a mitad del camino no habrá motivo para que siga corriendo.

Si usted cree que premiar a las personas por cada movimiento hará que lo sigan siempre, se equivoca. Eso sólo alimenta la mediocridad tanto en su liderazgo como en el desempeño de su gente. Es duro decirle esto, pero Dios no se agrada en un líder mediocre y complaciente.

Es bueno elogiar la eficiencia, pero solo debe premiarse la efectividad. No olvide que lo mismo que hablar sin parar no significa demasiado conocimiento, también estar en constante movimiento no quiere decir que vayamos alguna parte. El pueblo de Israel estuvo moviéndose durante cuarenta años sin llegar a ningún lado. La acción es vital para producir éxito, pero no es éxito.

Si usted premia a las personas a mitad del camino no desarrollarán su potencial, porque no existirá motivo de perseverancia. El premio a media jornada provoca comodidad y conformidad. Además de promover la holgazanería, afecta negativamente los resultados. Elogie el esfuerzo y creará motivación y pronto estará premiando y celebrando la excelencia. Recuerde que una excelente jugada frente a la meta de gol no es gol, por lo tanto no merece celebrarse como tal.

2-SE ENFOCA EN EL VALOR DE LA PERSONA MÁS QUE EN VALOR DE SU POTENCIAL

"El que reprende al hombre, hallará después mayor gracia que el que lisonjea con la lengua." (Proverbios 28:23)

Interesarse por las personas y aceptarlas no significa que debe aprobar todo lo que hacen. Si ayudamos y somos compasivos con las personas pero no somos capaces de hacerles ver sus errores estamos estancando su potencial y faltando a nuestro deber como líderes a la manera de Cristo.

Cuando usted provee o satisface las necesidades cotidianas de una persona lo que está haciendo es mejorando o cambiando el presente de ese individuo. Pero si le ayuda a desarrollar su potencial usted cambiará y mejorará el futuro de esa persona. Analice el hecho de que si alguien está interesado en usted como persona lo hará sentir cómodo todo el tiempo. No obstante, si esa misma persona se interesa en que usted desarrolle su potencial, tendrá que incomodarle haciéndole saber sus errores.

La historia testifica que ningún hombre ejemplar desarrolló su potencial con puros elogios. Haga saber a su gente tanto lo que les daña como lo que les favorece. Siempre hacerles ver sus errores les ayuda más que un puñado de palabras lisonjeras. Recuerde este proverbio: "El hombre que lisonjea a su prójimo, red tiende delante de sus pasos." (Proverbios 29:5), y lo que dijo el predicador "Mejor es oír la represión del sabio que la canción de los necios." (Eclesiastés 7:5)

3- APRECIA MÁS EL CONOCIMIENTO QUE EL CARÁCTER

"Y los apacentó conforme a la integridad de su corazón, los pastoreó con la pericia de sus manos." (Salmos 78:72)

Todos podemos pulir nuestras aptitudes, capacitándonos para mejorar habilidades y destrezas. También podemos cambiar nuestras actitudes, desarrollando nuestro carácter. Ahora bien, si apoyamos más el conocimiento o los títulos, estamos abriendo la puerta al liderazgo egocéntrico y posicional. Por otro lado, si contratamos a alguien sólo porque tiene un "bonito" carácter obtendremos bajo desempeño.

El líder cristiano efectivo es aquél que posee tanto pureza de corazón como manos habilidosas para cumplir la visión que Dios le encomendó. Sus capacidades tienen que ver con el llamado de Dios, porque Él dota al que llama y lo desarrolla. Pero su carácter está relacionado a su libre albedrío, usted decide. Por supuesto que nuestro Dios está atento a ayudarnos cuando decidimos hacer lo correcto.

Contratamos a un individuo por lo que sabe hacer y lo despedimos por hacer lo que no debe. Usted puede conseguir una posición por su conocimiento y ser removido por su comportamiento.

Un líder íntegro pero sin conocimiento se estanca. Un líder con conocimiento pero sin integridad no prevalece. Usted debe pararse entre la integridad y el conocimiento porque allí nacen, se desarrollan y viven los líderes ejemplares.

El mucho saber puede producir jactancia y convertirnos en arrogantes. Un buen carácter produce humildad. Un balance de conocimiento y humildad lo hará sabio. No olvide agregar amor que es el vínculo perfecto en toda relación. El gran apóstol lo dijo inspirado por Dios: "El conocimiento envanece, pero el amor edifica." (1 Corintios 8:1)

4- CONFUNDE EL LIDERAZGO CON AMISTAD.

"Vosotros sois mis amigos, si hacéis lo que yo os mando."

(Juan 15:14)

Si usted hace amigos pero no produce frutos que glorifiquen a Dios y bendigan a otros podría ser que esté promoviendo un club social y no formando un equipo de liderazgo a la manera de Cristo. Quizá usted sea bueno relacionándose con las personas mas sino las mueve de donde están y las conduce a un sitio mejor tal vez sea un amigo a medias, pero no un líder Cristo céntrico.

Recordemos que el liderazgo tiene que ver con mostrarle a la gente el camino a la felicidad, no con hacerla feliz. Usted no fue llamado a complacer a las personas, sino a liderarlas. Ayúdeles a las personas a descubrir la manera de complacerse a sí mismas. Motívelas a que descubran y cumplan el propósito del Señor en sus vidas.

Usted como líder debe pararse entre la amistad y los resultados. Ese es el punto base de la productividad constante. Para ser líder usted debe mostrarse agradable. Para mantener su liderazgo usted tiene que ser productivo. Dicho de otra manera, con amabilidad puede conseguir seguidores, sin embargo sólo siendo efectivo puede mantenerlos.

Cuando da a la gente lo que necesita, le está proveyendo. Si le proporciona lo que quiere, le está complaciendo. El proveer a alguien en necesidad puede motivarlo a perseverar y a desarrollarse. En sentido opuesto, la complacencia promueve la comodidad y estancamiento.

No me mal entienda. No quiero decir que en su círculo íntimo no se debe promover la amistad o que a nadie en su equipo se le permita sonreír mientras se trabaja. De hecho un equipo de liderazgo efectivo es aquel formado por verdaderos amigos y hermanos que trabajan para celebrar y celebran porque han trabajado. Nuestro Señor Jesucristo lo dijo así: "El que no es conmigo, contra mí es; y el que conmigo no recoge, desparrama." (Lucas 11:23). También dijo antes "Porque todo aquel que hace la voluntad de mi padre que está en los cielos, este es mi hermano y mi hermana, y mi madre." (Mateo 12:50). Recordemos también que el liderazgo es credibilidad, no aceptación. Usted puede ser creíble sin ser aceptado, pero no puede ser aceptado sin ser creíble. Nadie tendrá jamás un carácter tan íntegro y creíble como Jesús, sin embargo no todos lo aceptan.

5-ESTÁ AYUDÁNDOSE MÁS QUE AYUDAR

> *"Ninguno busque su propio bien, sino el del otro." (1 Corintios 10:24)*

> *"Como también yo en todas las cosas agrado a todos, no procurando mi propio beneficio, sino el de muchos, para que sean salvos." (1 Corintios 10:33)*

Jesús enseñó a hacer el bien a alguien que no tuviera las posibilidades de devolvernos el favor. Esa es una sabia estrategia para descubrir si usted es un dador alegre. Si cada vez que siembra está ambicionando la cosecha, le felicito. Ahora permítame recordarle un misterio en la agricultura: no toda la semilla sembrada germina y aunque con seguridad la planta puede nacer, reverdecer y hasta florecer, muchas veces y por diversas causas, no da fruto. ¿De dónde recogerá la cosecha el agricultor?

Si cada movimiento que hace es a su favor, creará desánimo y desilusión. Enfriará el amor y reducirá la fe de las personas que le siguen. Usted debe de estar satisfecho de hacer lo correcto y recordar siempre que la mejor manera de ayudarse así mismo es ayudar a otros con amor. Cuando usted ayuda a los demás por interés y conveniencia propia está alumbrándoles el presente, pero opacándoles el futuro. No confunda el apoyarse en alguien con utilizar a alguien. Cuando nos apoyamos en una persona le damos valor, mas al utilizarla le restamos valor. En el momento que la gente descubra que la utiliza, usted perderá confianza. No hay liderazgo si no existe credibilidad.

¿Quiere estancarse como líder? Entonces piense en usted y olvide a los demás. Si está siendo liderado por alguien que siempre le dice que todo lo que usted hace es lo correcto, esté alerta. Podría suceder que sólo reciba lisonjas y nunca sea premiado. Lamentablemente siempre ha habido, existen y vendrán pastores que se apacientan así mismos, cuando deberían estar apacentando el rebaño.

6-LE COMPLACE CORREGIR A OTROS, PERO LE INCOMODA QUE OTROS LE CORRIJAN

"Así que, el que piense estar firme, mire que no caiga."
(1 Corintios 10:12)

Si usted subestima las críticas constructivas, las ideas de su gente, les hará sentir como máquinas productoras. Una máquina hace nada más lo que se le programa hacer. Todo cambia cuando usted muestra interés y aprecio en las sugerencias de sus seguidores. Estas personas se verán motivadas a buscar respuestas para usted. Todo problema tiene en sí una solución y a cada pregunta le corresponde una respuesta específica. Pero tales respuestas y soluciones no fueron dadas a un solo ser humano. Esa es la razón principal por la cual debemos ser humildes y aceptar que en el juego de la vida otros poseen mejores cartas que nos pueden ayudar a ganar el juego.

El líder que le encanta corregir pero no ser corregido está promoviendo el "yo". El líder que acepta equivocaciones promueve el "nosotros." Muchos líderes creen que aceptar que se equivocan les hace ver débiles, con menos santidad o que perderán el respeto de su gente. Para eso permítame recordarle que Dios no se aleja de nosotros por nuestros errores, sino porque no admitimos tales errores. Lo mismo se aplica a nuestro liderazgo. El líder pierde más influencia por sus pretensiones que por sus equivocaciones. Alguien que es pretencioso se equivoca de manera doble. Primero aparenta lo que no es y luego no acepta lo que aparenta ser.

No estoy sugiriendo que usted siempre debe dar la bienvenida a estrategias ajenas. Tampoco avalando que usted tiene el derecho de equivocarse siempre. Pero sí le estoy advirtiendo que la corrección continua y perfeccionista desmotiva, aleja y divide. Si usted siendo líder no escucha la voz de corrección de otros líderes, la falta de sometimiento será el tope de su liderazgo.

Si usted está sometido a Dios para servir al prójimo, usted es un servidor. Pero si usted está sometido al hombre para ayudarse así mismo, usted es un servil. No confunda el respeto con el sometimiento. El respeto se da y se recibe en libertad. El sometimiento se impone sin opción en esclavitud.

En lo espiritual usted <u>debe</u> someterse a su líder, pero <u>tiene</u> que someterse a Dios. Si su líder no está sometido a Dios, usted tiene la opción de no respetarle como tal. Pero a Dios tendrá que someterse en las buenas y en las malas, no hay opción.

Sea esclavo de Cristo y siervo de la iglesia del Señor y así agradará a Dios. Pase por alto el sometimiento al Líder Supremo y se convertirá en esclavo del hombre, en alguien servil, lejos de ser un servidor. Le invito a poner en práctica los consejos en el siguiente capítulo que lo ayudarán a proyectarse como un líder siervo.

CAPÍTULO SEIS

LIDERAZGO CON GRACIA Y VERDAD

"Pues la ley por medio de Moisés fue dada, pero la gracia y la verdad vinieron por medio de Jesucristo."
(Juan 1:17)

La verdad es la palabra de Dios, las reglas locales de cada iglesia y la disciplina para que se cumplan ambas. La gracia es el regalo de salvación, misericordia para el que se resbala y vida abundante para los que aceptan el regalo. La verdad exige, mas la gracia tolera. La verdad es disciplina, pero la gracia es misericordia. Dios impone su verdad, sin embargo ofrece gracia. Tanto la imposición como el ofrecimiento son por amor.

La verdad es el elemento esencial para producir confianza en nuestras relaciones con nuestro cónyuge, hijos, congregación, amigos o equipo de trabajo. Pero cuando decimos la verdad sin gracia ésta carece de amor y persuasión. Además, si ejercemos nuestro liderazgo con base en una verdad legalista, aprisionamos el espíritu de las personas y producimos deslealtad. Toda relación que sólo tenga verdad y carezca de gracia no prevalece. Tiene el potencial para crecer, que es la verdad, sin embargo le falta el abono para desarrollarse, que es la gracia.

La gracia es el elemento primordial para edificar nuestra influencia con la gente. Es el suavizante de la verdad y ayuda a que esta se cumpla. No obstante, cualquier relación con demasiada gracia y carente de verdad es como una mezcla con poco cemento y mucha arena. A una relación así le faltará firmeza y también sucumbirá.

El balance perfecto es Jesucristo. Él está lleno de una verdad inmutable y una gracia incomparable, ambas eternas como nuestro Señor es eterno. La gracia sin verdad es libertad que destruye y la verdad sin gracia es una cárcel que aprisiona el potencial de las personas.

UN BALANCE DE GRACIA Y VERDAD EN NUESTRO LIDERAZGO

La gracia se enfoca en el valor de la persona. La verdad se centra en el potencial del individuo.

La gracia promueve el crecimiento de las relaciones. La verdad establece la base de una relación.

La gracia ayuda a mantener el rumbo de la relación. La verdad establece la dirección en las relaciones.

¿Cómo logramos un balance de gracia y verdad? Existe una línea entre verdad y gracia que se llama amor. Como líderes

Cristo céntricos debemos caminar sobre esa línea porque es el vínculo perfecto. Es el amor lo que establece el balance entre gracia y verdad.

¿CÓMO SABEMOS QUE ESTAMOS LIDERANDO CON GRACIA Y VERDAD?

1- CUANDO IMPONEMOS REGLAS PARA BENDECIR

> *"Te pondrá Jehová por cabeza, y no por cola; y estarás*
> *encima solamente, y no estarás debajo, si obedecieres los*
> *mandamientos de Jehová tu Dios, que yo te ordeno hoy,*
> *para que los guardes y cumplas."* *(Deuteronomio 28:13)*

¿Qué es más importante, que se cumplan las reglas o que las personas se levanten y corrijan sus caminos? La respuesta es en relación al propósito de las reglas. ¿Imponemos mucha verdad por enojo o por amor? ¿Damos demasiada gracia por amor o por desinterés en las personas? Y por último, pregúntese usted como líder, ¿mi gente hace las cosas porque yo estoy presente o porque es necesario hacerlas? ¿Yo impongo o ellos deciden? ¿Qué predomina en su liderazgo, la persuasión o la manipulación?

Cuando Dios impone reglas es porque si las cumplimos, nos beneficiamos a nosotros y no a Él. Si usted como líder quiere que se cumplan las reglas internas de su iglesia debe enfocarse en agradar a Dios y en bendecir a su pueblo. Es ahí cuando ejerce ambas cosas: gracia y verdad. Pero si sólo quiere corregir al hermano para que se conozca quién es el que manda en la iglesia, usted estará imponiendo reglas que llevan nada más su verdad, pero carecen de la gracia y verdad de Dios.

Su tarea de líder es dar a conocer a Cristo y su glorioso evangelio. Recuerde que las reglas del evangelio no son agradables a todo el mundo, por lo tanto usted debe buscar agradar a Dios siempre. Usted fue llamado por Él, no por la gente. Es imperante reconocer que las reglas y disciplina de Dios, aunque parezcan difíciles de cumplir, están impregnadas de gracia y verdad porque siempre son para bendecirnos.

"A los cielos y a la tierra llamo por testigos hoy contra vosotros, que os he puesto delante la vida y la muerte, la bendición y la maldición; escoge, pues, la vida, para que vivas tú y tu descendencia." (Deuteronomio 30:19) Observemos algo interesante al final de este pasaje de las Escrituras: el énfasis de que se escoja la vida. Lo mismo puede aplicarse en su hogar. Las reglas que impone en su casa ¿lo hacen ver bien a usted o a toda su familia? Porque en el momento en que el líder empieza a vivir para sí mismo, se aleja de Dios. Cuando esto ocurre pierde autoridad y no hay liderazgo sin autoridad. Imponer reglas para bendecir significa imponer la verdad de Dios, la gracia de Nuestro Señor Jesucristo bajo la guía del Espíritu Santo.

2-SI EL LÍDER COMPARTE SU PRESTIGIO

"La gloria que me diste, yo les he dado, para que sean uno, así como nosotros somos uno." (Juan 17:22)

Es común que cuando Dios da una visión a su líder y lo envía a una misión específica casi nadie quiere pagar el precio junto con este líder. ¡Ah! Pero cuando el hombre de la visión alcanza el éxito, entonces sí, mucha gente busca relacionarse con él.

¿Con quiénes puede o debe compartir el líder su éxito en la visión que Dios le dio? En su papel de líder usted debe reconocer y nunca olvidar el hecho de que su prestigio tiene que ver directamente con lo que su gente piensa, siente, dice y hace por usted. ¿Por qué razón? Para que su equipo captara y siguiera su visión, usted tuvo que darles verdad. Fue esa verdad la que les convenció en lo más profundo de sus pensamientos y sentimientos de que pagaran el precio con usted. Ahora bien, cuando la visión ha sido cumplida, es el tiempo de dar gracia. ¿Por qué? Sencillo. Con disciplina (verdad) usted puede tener éxito, pero siendo agradecido (gracia) usted puede mantenerse exitoso. Lo mismo sucede con sus capacidades, que lo impulsan hacia adelante, pero la falta de carácter lo empujará hacia atrás.

La mayoría de los líderes sacrifican a sus familias con tiempo y finanzas. Sus familias pagan el precio con ellos. Entonces, ¿será mucho pedir cumplirles un "caprichito" a su esposa e hijos de vez en cuando? Usted debe hacer sentir a su familia que ellos son su mayor inspiración después de Dios. Así mismo en su relación con su gente, hay muchas maneras de agradecer a su equipo y hacerles saber que también ellos son responsables de su éxito. Así como Dios honra a los que le honran. Una vez más Cristo es el ejemplo a seguir en todo: "Si alguno me sirve, sígame; y donde yo estuviere, allí también estará mi servidor. Si alguno me sirviere, mi Padre le honrará." (Juan 12:26)

3-CUANDO SABEMOS ELOGIAR LO BUENO ANTES DE CORREGIR LO MALO

"Con misericordia (gracia) y verdad (disciplina) se corrige el pecado,..." (Proverbios 16:6) Aclaración en paréntesis mía.

Tomemos como ejemplo la introducción de la primera carta que Pablo dirige a la iglesia en Corinto. Observemos la gracia con que el apóstol saluda y alude "a la iglesia de Dios... a los santificados en Cristo Jesús..." y cuando dice: "Gracias doy a mi Dios siempre por vosotros,...." (1 Corintios 2:1-4) También la segunda carta esta introducida de manera similar.

¿Cuántos líderes damos gracias a Dios por los hermanos problemáticos de nuestra congregación? Con mucha frecuencia deseamos sacarlos de la iglesia. Pero antes de proceder de esa manera, recuerde que la vida de una persona puede cambiar drásticamente para bien, cuando usted como líder la hace sentir importante para Dios, para usted y el resto de la congregación, a pesar de sus desaciertos. No es sabio querer sacar miel del panal dándole patadas a la colmena.

La verdad sola es cruel. Puede verse como una crítica destructiva o señalamiento de los errores, produciendo resentimiento en lugar de motivar e incentivar a alguien a ser excelente. Además recuerde que si usted está en un mejor nivel hoy es porque alguien fue tolerante mientras usted aprendía de sus errores. De ahí que su grandeza será juzgada por el valor y respeto que usted demuestre hacia los demás. Porque cualquier ser humano siente el deseo de ser importante y anhela sentirse apreciado.

La materia prima del liderazgo son las personas. Aprenda entonces a apreciar sus virtudes antes de hacer relucir sus errores. Así despertará en ellas el entusiasmo y las impulsará a lograr su potencial. De lo contrario, si constantemente está usando frases tales como "siempre te equivocas", "tenías que ser tú" o "no sirves para nada" puede aniquilar las aspiraciones y sueños de una persona. Sobre todo cuando esas fijaciones provienen de un líder.

Ahora, regresando a las epístolas dirigidas a los Corintios, si usted las lee, disfrutará de una hermosa exhortación, llena más de verdad que de gracia. Sin embargo note que el apóstol Pablo inició haciendo sentir importantes a los problemáticos hermanos de Corinto. Antes de condenarnos, Dios nos hizo el más grande elogio: envió a su único hijo a morir en la cruz por usted y por mí. "Quien habitó entre nosotros, lleno de gracia y verdad." (Juan 1:14)

4-CUANDO DISCIPLINAMOS BASADOS EN NUESTRA EXPERIENCIA

> *"Pues en cuanto él mismo padeció siendo tentado,*
> *es poderoso para socorrer a los que son tentados."*
> *(Hebreos 2:18)*

Es muy común la expresión "el estudio nos da el conocimiento y la experiencia nos proporciona sabiduría". Se trata de una frase humana cierta sí y sólo sí aprendemos de nuestras experiencias para de esa manera saber usar nuestro conocimiento. La Biblia, que es la palabra de Dios dice: "Porque Jehová da la sabiduría, y de su boca viene el conocimiento y la inteligencia." (Pr.2:6). Entonces, ¿cómo obtenemos gracia y verdad para guiar el pueblo de Dios?

Nuestras vivencias en el caminar con Dios nos moldean a la manera del carácter de Cristo, el cual está lleno de gracia y verdad. Sino pregúntese por qué el gran apóstol exhortaba con autoridad. Por otra parte, si aquél Verbo no se hubiera hecho carne, no pudiera compadecerse de nuestras debilidades.

No vayamos tan lejos en el tiempo. Analice por qué nuestros líderes se divierten viéndonos en nuestros primeros meses de convertidos movidos por nuestra impaciencia, queriendo devorar la Biblia, asistiendo a seminarios y discipulados y al término de un año lucimos cansados y desanimados. Nuestros pastores han visto esa conducta una y otra vez. Dígame por qué aceptamos los consejos de nuestros padres después que ya hemos fracasado por no seguir sus exhortaciones. Las experiencias ensancharán su conocimiento y con el paso del tiempo aprenderá a usar inteligentemente tal conocimiento. Eso es sabiduría. Todo líder emergente debe reconocer y sumergirse en el mismo proceso. No importa lo grande de su potencial. Deberá ser un excelente seguidor para que pueda llegar a ser un líder ejemplar.

Las experiencias e integridad de Pablo le dieron la autoridad para aconsejar: "Sed imitadores de mí, así como yo de Cristo." (1 Corintios 11:1) También el apóstol dijo a Timoteo que el líder no debía ser un novato, ya que además de envanecerse y caer en la condenación del diablo, podría arrastrar a otros.

Solamente el proceso bajo el señorío de Cristo Jesús produce gracia y verdad. Él dijo e hizo. Sigamos su ejemplo. El Señor nos consuela en todas nuestras tribulaciones para que podamos nosotros consolar a los que están en cualquier tribulación. (2 Corintios 1:4)

5-CUANDO NO TOLERAMOS EL PECADO

> *"Y vio Jehová que la maldad de los hombres era mucha en la tierra, y que todo designio de los pensamientos del corazón de ellos era de continuo solamente el mal... Y dijo Jehová: Raeré de sobre la faz de la tierra a los hombres que he creado..." (Génesis 6:5-7)*

> *"Al hombre que cause divisiones, después de una y otra amonestación deséchalo, sabiendo que el tal se ha pervertido, y peca y está condenado por su propio juicio."* (Tito 3:10-11)

Dios nos ha concedido más de una oportunidad según sus misericordias y por tal razón aún estamos en sus caminos. El mundo está viviendo un tiempo de gracia, pero llegará el momento que será inevitable sentir todo el peso de la verdad de Dios.

Pablo preguntó a los corintios "¿Qué queréis? ¿Iré a vosotros con vara o con amor y espíritu de mansedumbre?" (1

Corintios 4:21). Es importante reconocer que la rudeza de las palabras del apóstol en ambas epístolas escritas a esta iglesia eran motivadas por el amor de padre y en el verso catorce el hace notar su actitud: "No escribo esto para avergonzaros, sino para amonestaros como a hijos amados." (1 Corintios 4:14).

Dios nos exhorta a no juzgar, pero también nos manda a no tolerar actitudes y pecados que empañen la santidad del cuerpo de Cristo. Había pecado de fornicación en la iglesia de Corinto. La congregación lo había tolerado y hasta se jactaban de ello, por lo que Pablo ordena al final del capítulo cinco de la primera epístola: "Quitad, pues, a ese perverso de entre vosotros." (1 Corintios 5:13).

Como líderes llamados por Dios, somos responsables de usar la rudeza de la verdad cuando ya no sea necesario añadir más gracia. Todo por la salud espiritual de la iglesia de Cristo... "y estando prontos para castigar toda desobediencia, cuando vuestra obediencia sea perfecta." (2 Corintios 10:6). No olvide que nuestro Dios es amor, pero también es fuego que consume.

Capítulo Siete

EL ABUSO DE LOS BENEFICIOS DE UN LIDERAZGO EXITOSO

"Porque yo sé que después de mi partida entrarán en medio de vosotros lobos rapaces, que no perdonarán el rebaño. Y de vosotros mismos se levantarán hombres que hablen cosas perversas para arrastrar tras sí a los discípulos." (Hechos 20:29-30)

Cuando sabemos manejar el fracaso ascendemos al éxito, pero si no podemos controlar el éxito, descendemos al fracaso.

La decisión y el esfuerzo de seguir el llamado de Dios de liderar a su pueblo lo posicionará a usted en un nivel mejor de liderazgo, adquiriendo más poder y privilegios. Estos beneficios adquiridos por el nivel de autoridad que Dios le da como líder espiritual pueden provocar efectos secundarios en su ego. Estos han sido la causa de la caída de líderes que no supieron cómo hacerle frente a la prosperidad de su liderazgo.

Cada vez que Dios añade una bendición a su vida, satanás le propondrá una tentación más atractiva que puede hacerle caer si no sabe dar reverencia al dueño de su liderazgo y ser agradecido con las personas que dirige. Decida mantener viva su perspectiva eterna y no la cambie por un momento de deleite terrenal.

Para evitar caer en el abuso de los beneficios que el líder adquiere por su éxito al liderar, usted deberá enfocarse en cómo beneficiar a las personas y no en cómo sacar provecho de ellas. De ahí que la integridad del líder espiritual no tiene nada que ver con impresionar al mundo, sino con glorificar a Dios y bendecir al prójimo. Así que, si quiere ser un líder a la manera de Cristo, usted debe enfocarse más en sus obligaciones y responsabilidades que en sus derechos y privilegios.

EL ABUSO DE LA POSICIÓN

> *"Yo he escrito a la iglesia; pero Diótrefes, al cual le gusta tener el primer lugar entre ellos, no nos recibe."*
> *(3 Juan 3:9)*

Maneje su posición y no permita que la posición lo maneje a usted. La manera más insensata de ejercer nuestro liderazgo es encerrarnos en el pedestal de una posición.

Estoy consciente de que nuestro valor ante Dios es el mismo, ya que por todos entregó a su Hijo y en Cristo somos un solo cuerpo. Pero no somos iguales en cuanto a nuestras obras. Recuerde también que cada miembro del cuerpo tiene una función establecida. Por lo tanto no podemos estar todos en un mismo nivel de liderazgo debido a los diferentes llamados personales y específicos de cada miembro.

Ahora bien, estar en un nivel distinto no le hace mejor que otros sino tan sólo diferente a los demás. En cada nivel alcanzado viene adherida más autoridad y con dicha autoridad mucha más responsabilidad, de la cual Dios le exigirá cuentas.

Podrán ordenarlo como ministro, nombrarlo como pastor, llamarle maestro y catalogarlo un buen consejero e incluso usted mismo creerse un apóstol, evangelista o profeta. Pero sea cual fuere la posición que usted ejerce hoy le invito a que se haga esta pregunta ¿fui nombrado por el hombre o he sido llamado por Dios?

Otro punto muy importante respecto a su llamado es ¿qué está tratando de comunicar? ¿Lo que le conviene a usted o la verdad del evangelio de Cristo? Nuestro Señor Jesucristo comunicó con excelencia la realidad del Reino. Hasta el punto que aquellos que le crucificaron murmuraron convencidos: "verdaderamente éste era Hijo de Dios."(Mateo 27:54) A partir de entonces la influencia de su Espíritu nos guía hacia la vida eterna. Jesús abandonó su gloria (posición) para convertirse en el máximo ejemplo de liderazgo en amor, servicio y sacrificio pero permaneció enfocado en su posición celestial eterna y no en una posición terrenal y pasajera. Qué dice la gente de su manera de dirigir: "verdaderamente éste es un líder de Dios" o "vergonzosamente éste trabaja para sí mismo."

Quiero enfatizar el encabezado del capítulo cuatro. Una posición puede significar el trampolín o el tope de su liderazgo.

Todo radica en hacia quién quiere guiar. Hacia usted o en dirección al dueño de su liderazgo, el único Dios, el que pone y quita reyes. Como ya se ha dicho, la posición se convierte en un ascensor para el líder, usted decide hacia dónde quiere ir ¿hacia el techo o hacia el sótano?

EL ABUSO DEL PODER

> *"El crisol prueba la plata, y la hornaza el oro, y al hombre la boca del que lo alaba."* *(Proverbios 27:21)*

El poder corrompe hasta aquél que se cree ser el más espiritual. De la manera que alguien procede cuando se le da poder es como demuestra quién es realmente. Algunas fuentes de poder son el dinero, posición y fama. El poder junto con la soberbia y las relaciones sexuales ilícitas son las causas más comunes de la caída de grandes líderes, desde la caída de lucifer hasta hoy.

Cuando el líder pone el "yo" por encima del "nosotros" empieza a destruir su propia reputación. Pero más grave aún destruye la reputación de la iglesia de Cristo. El abandono de la visión y misión de Dios se manifiesta cuando los líderes muestran ambición de poder preocupados por una mejor posición. Juan y Jacobo querían sentarse uno a la izquierda y el otro a la derecha del Señor, pero Jesús les advirtió que tales posiciones sólo las concede el Padre. Permita que Dios lo promueva. Deje de gastar tiempo y energía para impresionar a su líder y ser promovido. Busque ser agradable a Dios y será promovido aun por sus enemigos.

No existe un líder sin poder, pero cuando no expresamos gratitud a Dios por nuestra prosperidad y éxito, nos estamos olvidando de que tanto nuestro liderazgo como el poder adquirido por medio de este, provienen de Dios.

El liderazgo a la manera de Cristo no tiene nada que ver con querer controlar la mente y el corazón de las personas con el poder de nuestra carne, sino con influenciarlas y persuadirlas con el poder del Espíritu Santo. Es por tal razón que los líderes Cristo céntricos deben cuidar el rebaño motivados por cumplir el llamado de Dios y no por seguir sus aspiraciones personales.

El abuso del poder es uno de los factores que obstaculizan al líder para que termine bien su carrera. No olvide que la autocracia no permite la innovación y aprisiona las mentes creadoras. Además recuerde que no se puede obligar a la gente a dar su lealtad. Así sólo se consigue adulación y deslealtad en lugar de respeto. Como sabiamente lo dijo nuestro máximo líder, es al humillarnos que somos exaltados.

Poner nuestro poder al servicio de otros es como un elevador por las mañanas, siempre sube a las personas a su lugar de destino.

EL ABUSO DE LOS PRIVILEGIOS

"Así también ordenó el Señor a los que anuncian el evangelio, que vivan del evangelio." (1 Corintios 9:14)

> *" ... Así ha dicho Jehová el Señor: ¡Ay de los pastores*
> *de Israel, que se apacientan a sí mismos! ¿No apacientan*
> *los pastores a los rebaños?"* *(Ezequiel 34:2)*

Pablo y Nehemías rehusaron disfrutar de los privilegios que les correspondían como siervos de Dios (1 Corintios 9:1-18 y Nehemías 5:14-15) Estos son dos casos excepcionales. Lo cierto es que ambos tenían el derecho de que se les pagara por esa dedicación total al pueblo de Dios y al Evangelio, en el caso del apóstol. Dios paga bien mientras somos buenos líderes aquí en la tierra. Sin embargo el mayor galardón lo recibiremos cuando Él nos diga: "entra en el gozo de tu señor."(Mateo 25:21)

Cuando el líder abusa de sus privilegios, tristemente pone en entredicho su carácter y el carácter es lo que sí se necesita para ser un líder ejemplar a la manera de Cristo.

La falta de autodisciplina del líder lo llevará a perder el amor por el rebaño. Cuando llega a este punto deja de ser reverente a Dios y si no tenemos el temor reverencial hacia Dios dejamos de ser de su agrado. Entonces Él aparta sus ojos de nosotros.

Recordemos buscar la excelencia y fidelidad. Perfectos no lograremos ser mientras estemos en este mundo, pero sí podemos ser fieles. Simplemente demos lo mejor de nosotros y hagamos lo correcto ante los hombres y Dios se agradará de ello. No pongamos nuestra mirada en el presente efímero, sino en el futuro eterno con Cristo Jesús.

El cumplimiento de nuestro llamado de parte de Dios empezará con nuestra primera posición. Esta proporciona autoridad y concede privilegios tales como prosperidad financiera. La vida próspera retribuye poder, que podría posicionarnos en un nivel más alto. En un nivel superior siempre habrá mayor prosperidad y consecuentemente el poder se agranda. Lo anterior describe lo que es el siclo progresivo de los beneficios de un liderazgo exitoso. La clave para vivir en este ciclo de bendición es glorificar a Dios y bendecir a otros. Esto sólo es posible cuando hacemos partícipes a otros de los privilegios de nuestro liderazgo.

Capítulo Ocho

UN REQUISITO NO NEGOCIABLE PARA SER UN LÍDER CRISTO CÉNTRICO: EL SUPREMO LLAMADO DE DIOS

"Pablo, apóstol no de hombres ni por hombre, sino por Jesucristo y por Dios el Padre que lo resucitó de los muertos,…" (Gálatas 1:1)

Una gran diferencia entre un líder secular y un líder espiritual radica en el hecho de que el primero es impulsado por sus motivaciones personales. El segundo es sacado por Dios de sus inclinaciones propias y no porque califique, sino que él lo transforma, desarrolla y lo complementa para que sea efectivo.

El líder sin llamamiento depende de sus aptitudes funcionales para mantenerse a flote. Por tal razón no ha de permanecer firme cuando aparezcan los momentos difíciles en su liderazgo. Escuché a un predicador decir "hay muchos pastores que ya fueron despedidos y no se han dado cuenta". Yo diría que a muchos líderes espirituales Dios no los ha llamado a hacer lo que están haciendo y tampoco se han dado cuenta.

La importancia del llamado es no negociable por el hecho de que el liderazgo espiritual proviene de Dios y se mantiene en él. Las personas compulsivas que tratan de impresionarnos para conseguir una posición de liderazgo reflejan más sus preferencias personales que un llamado de Dios.

Los que no son llamados trabajan para sí mismo. Los ungidos por el Señor le glorifican a él y sirven a otros. Los individuos sin llamamiento querrán siempre agrandar su prestigio más que expandir el evangelio. A éstos se les hace difícil someterse al quebrantamiento de Dios, al señorío de Cristo y a la guía del Espíritu Santo. Tanto el mismo llamado como la disposición de aceptar y cumplir con la visión y misión adherida a este provienen de Dios.

Cada líder espiritual en la Biblia y contemporáneo del cual he aprendido magníficas lecciones posee una característica en común. Todos han sido llamados por Dios y reclutados por su Santo Espíritu. Me es necesario aclarar algo muy importante y es que todo cristiano fiel posee un carácter íntegro y cada creyente es apto para desempeñar una tarea determinada en el Reino. Pero si no hemos sido llamados a liderar personas difícilmente prevaleceremos como líderes, porque es Dios quien nos da el favor y la gracia ante los hombres.

No tengo duda de que miles de líderes saben que han sido llamados y cuál es su propósito divino a realizar. También sé que existe un puñado muy grande de otros que no le dan importancia a lo imprescindible del supremo llamamiento de Dios para poder ejercer como líder espiritual. Esto ocurre porque todavía no se han negado a sí mismos y siguen sus propósitos confiados en sus conocimientos teológicos. Se han olvidado que ningún conocimiento sin la unción del Espíritu Santo puede renovar la mente ni cambiar corazones. Esa unción irresistible es la que necesitamos para alcanzar a aquellos que no viven en nuestro círculo teológico.

Solamente el que ha sido escogido por Dios puede establecer un balance en la interrelación entre Teología y metodología. La Teología, que es lo no cambiante, tiene que ver con la soberanía de Dios y con su inmutable Palabra. La metodología, que es lo cambiante, está referida a las estrategias del líder y a la época en que éste se desarrolla. Ambas provienen de Dios.

Entonces no se trata de lo que usted quiere o necesita hacer, sino lo que Dios quiere que usted haga y lo que otros necesitan. Eso significa ser obediente al Supremo llamamiento de Dios: guiar hacia Él y no hacia usted.

El método de Dios para guiar a su pueblo es el liderazgo y la estrategia de reclutamiento es el llamado, que también es la garantía del respaldo de Dios y la efectividad del líder en todo lo que emprenda.

EVIDENCIAS INTERNAS Y EXTERNAS DEL LLAMAMIENTO SUPREMO DE DIOS

EVIDENCIAS INTERNAS

1-CONVICCIÓN DIVINA INTERNA

"Y dije: No me acordaré más de él, ni hablaré más en su nombre; no obstante, había en mi corazón como un fuego ardiente metido en mis huesos; traté de sufrirlo, y no pude." (Jeremías 20:9)

De alguna manera usted sentirá que ha sido seleccionado divinamente para intervenir en las circunstancias o sucesos que Dios le permite presenciar. El rey le pregunta a Nehemías "¿por qué está triste tu rostro? Pues no estás enfermo. No es esto sino quebranto de corazón..." (Nehemías 2:2) Esa tristeza era la confirmación del Espíritu de Dios de que había sido escogido para guiar, influir y construir.

El líder podrá negarse, dar excusas o sentirse inseguro, pero Dios pondrá las evidencias necesarias para que deje de resistirse y obedezca. Observe los argumentos de Jeremías y Moisés:

"Y yo le dije: ¡Ah! ¡ah Señor Jehová! He aquí, no sé hablar, porque soy niño." (Jeremías 1:6). Similar a lo que Moisés dijo "¡Ay, Señor! Nunca he sido hombre de fácil palabra, ni antes, ni desde que tú hablas a tu siervo; porque soy tardo en el habla y torpe de lengua." (Éxodo 4:10). A éstos dos inseguros respondió Dios. A Moisés le responde "¿Quién dio la boca al hombre? ¿O quién hizo al mudo y al sordo, al que ve y al ciego? ¿No soy yo Jehová?__ Ahora pues, ve, y yo estaré con tu boca, y te enseñaré lo que hayas de hablar." (Éxodo 4:11-12) Y a Jeremías le dijo Jehová: "No digas: soy un niño; porque a todo lo que te envíe irás tú, y dirás todo lo que te mande." (Jeremías 1:7)

El convencimiento divino interno hará que usted sea perseverante. Nadie escoge ser líder, Dios es el que llama. Pero usted decide seguir el llamado o dar excusas.

2-IMPULSO IRRESISTIBLE

"Después oí la voz del Señor, que decía: ¿A quién enviaré, y quién irá por nosotros? Entonces respondí yo: Heme aquí, envíame a mí." (Isaías 6:8.)

Este mismo impulso irresistible del Espíritu Santo se apoderó de Pablo después de haber recuperado la vista y ser bautizado, se alimentó y recobró fuerzas. "En seguida predicaba a Cristo en las sinagogas, diciendo que éste era el Hijo de Dios." (Hechos 9:20). Sucedía en el interior del apóstol algo que no podía evitar, sentía una inclinación innegable a liderar sirviendo. Su comportamiento fue transformado sobrenaturalmente para gloria de Dios y bendición de los que él alguna vez persiguió.

Muchas veces se confunde la emoción humana con la unción de Dios, pero el entusiasmo del hombre se termina pronto y la motivación divina prevalece. La carne se motiva con lo que ve, mas el espíritu con lo que no se puede ver. El impulso humano es llamarada de hojas secas que se desvanece con las primeras lloviznas. No así el impulso irresistible del poderoso Espíritu de Dios que es fuego que permanece y crece durante las peores tormentas.

3-VISIÓN Y MISIÓN DE DIOS.

"Antes por el contrario, como vieron que me había sido encomendado el evangelio de la incircuncisión, como a Pedro el de la circuncisión (pues el que actuó en Pedro para el apostolado de la circuncisión, actuó también en mí para con los gentiles),..." (Gálatas 2:7-8)

Seguir la visión de Dios es estar seguro de que Él sabe a dónde lo envía, como sucedió con Abraham: "Pero Jehová había dicho a Abraham: vete de tu tierra y de tu parentela, y de la casa de tu padre, a la tierra que te mostraré." (Génesis 12:1)

Ésta es la base de la efectividad del líder llamado por Dios: vive por fe, tiene la mente de Cristo, es guiado por el Espíritu Santo y permite que otros lo complementen. Tiene la capacidad de influenciar el presente e impactar el futuro. El líder de Dios además de ser una persona realista, tiene la suficiente fe para creer en los prodigios y señales que Dios hace a través de los que Él llama.

Esta mentalidad visionaria le creará problemas. Observe la primera reacción negativa cuando Nehemías se disponía a reconstruir el muro "Pero oyéndolo Sanbalat horonita y Tobías el siervo amonita, les disgustó en extremo que viniese alguno para procurar el bien de los hijos de Israel." (Nehemías 2:10). Entonces, tenga por seguro que como hombre o mujer que responde al llamado de Dios activamente no será muy agradable a los ojos de la gente pasiva y envidiosa. Como lo experimentó el apóstol: "Porque se me ha abierto puerta grande y eficaz, y muchos son los adversarios." (1 Corintios 16:9). La visión y misión están adheridas al llamado de Dios. El líder que desconoce cuál es su llamado podrá ser eficiente pero no efectivo, porque no sabrá en que enfocarse.

4-SENTIRSE SATISFECHO

"Ahora me gozo en lo que padezco por vosotros, y cumplo en mi carne lo que falta de las aflicciones de Cristo por su cuerpo, que es la iglesia;…" (Colosenses 1:24)

Un líder de Dios disfruta sirviendo y sufriendo para que el Evangelio sea conocido y aceptado por nuevas almas. El llamamiento supremo nos dota de una fuerza poderosa para que a pesar de las críticas, penas y controversias sintamos satisfacción de creer en Cristo y padecer por Él.

El apóstol Pablo dijo a los Gálatas: "Hijitos míos, por quienes vuelvo a sufrir dolores de parto, hasta que Cristo sea formado en vosotros,…" (Gálatas 4:19) Esto es hacer las cosas para glorificar a Dios y bendecir a otros, mas no para exaltarse a sí mismo y perjudicar a los demás.

Recuerde. "Riquezas, honra y vida son la remuneración de la humildad y del temor de Jehová." (Proverbios 22:4) No sólo satisfacción de ayudar al prójimo a cumplir el llamado de Dios aquí en la tierra, sino como dijo el salmista: "En cuanto a mí, veré tu rostro en justicia; estaré satisfecho cuando despierte a tu semejanza." (Salmos 17:15)

5-VALENTÍA SOBRENATURAL

"De los judíos cinco veces he recibido cuarenta azotes menos uno. Tres veces he sido azotado con varas; una vez apedreado; tres veces he padecido naufragio; una noche y un día he estado como náufrago en alta mar; en caminos muchas veces; en peligros de ríos, peligro de ladrones, peligros de los de mi nación, peligros de los gentiles, peligros en la ciudad, peligros en el desierto, peligros en el mar, peligros entre falsos hermanos; en trabajo y fatiga, en muchos desvelos, en hambre y sed, en muchos ayunos, en frío y en desnudez; ..."
(2 Corintios 11:24-27)

Esto es correr el riesgo con la certeza de que Dios hará. Una característica de los líderes con un llamado, es que como son elementos escogidos por Dios para producir cambio, no temen recorrer lo desconocido. Estos líderes son capacitados por el Espíritu Santo para que sean responsables de los resultados y que al equivocarse puedan replantear, se levanten y accionen de nuevo. Esa es la fortaleza interna que proviene de Dios para que usted y yo cumplamos con el llamado del Señor en nuestras vidas.

Uno de mis pasajes favoritos de la Biblia se haya en el libro de Hechos. "Entonces Pablo respondió: ¿Qué hacéis llorando y quebrantándome el corazón? Porque yo estoy dispuesto no sólo a ser atado, más aun a morir en Jerusalén por el nombre del Señor Jesús." (Hechos 21:13) Es con el poder del Espíritu Santo de Dios.

Lo imprescindible para mantener esta valentía es confiar y permanecer en el Dios que lo llamó. El profeta lo escribió de la siguiente manera: "Tu guardarás en completa paz a aquel cuyo pensamiento en ti persevera; porque en ti a confiado. Confiad en Jehová perpetuamente, porque en Jehová el Señor está la fortaleza de los siglos." (Isaías 26:3-4)

EVIDENCIAS EXTERNAS

1-LA GRACIA DE DIOS SOBRE USTED

"Y puso Dios a Daniel en gracia y en buena voluntad con el jefe de los eunucos." (Daniel 1:9)

Aun cuando usted no posea títulos, sea nuevo en el evangelio y no se vista elegante exteriormente, la elegancia de la gracia de Cristo se lleva por dentro. Le da favor ante los hombres, como en el caso de estos dos apóstoles del Señor: "Entonces viendo el denuedo de Pedro y de Juan, y sabiendo que eran hombres sin letras y del vulgo, se maravillaban, y les reconocían que habían estado con Jesús." (Hechos 4:13)

Otro hermoso ejemplo de este principio es José, el soñador, gran administrador y líder. "Y vio su amo que Jehová estaba con él, y que todo lo que él hacía, Jehová lo hacía prosperar en su mano. Así halló José gracia en sus ojos, y le servía; y él le hizo mayordomo de su casa y entregó en su poder todo lo que tenía." (Génesis 39: 3-4)

No olvide nunca que el valor más alto del hombre es Dios y que conocer a Cristo sobrepasa todo conocimiento. Confíe en Él su liderazgo. La gracia y el favor de Dios es lo que lo pondrá en el corazón de las personas. Le abrirá puertas y hará que las manos de ayuda se extiendan hacia usted para que cumpla la visión adherida a su llamado. También la convivencia natural dentro del círculo de líderes con mayor trayectoria es una confirmación de parte de Dios de que usted proyecta el lenguaje del liderazgo.

Me es necesario recordarle que Jesucristo tenía la gracia del Padre y sin embargo fue traicionado y crucificado. Por lo tanto, la gracia de Dios sobre usted tal vez no cambie las circunstancias ni tampoco a las personas difíciles que le rodean, pero sí las hará trabajar a su favor. Tanto los que lo acepten como los que lo rechacen estarán conscientes de que el favor de Dios está sobre usted.

"…y dijo Faraón a sus siervos: ¿Acaso hallaremos a otro hombre como éste, en quien esté el espíritu de Dios? (Génesis 41:38). El tiempo de Dios para José había llegado y el favor de Jehová lo hizo irresistible ante el líder egipcio.

2-SU POTENCIAL ES PERCIBIDO Y RECONOCIDO POR OTROS

"Y Saúl dijo a David: Bendito eres tú, hijo mío David;
sin duda emprenderás tú cosas grandes, y prevalecerás..."
(1 Samuel 26:25)

Observemos como Timoteo es reconocido y solicitado por el apóstol Pablo. "Quiso Pablo que éste fuese con él..." (Hechos 16:1-3). La razón de que el apóstol solicite a Timoteo se encuentra en el verso dos y es el buen testimonio que daban de él los hermanos que estaban en Listra y en Iconio.

Todo líder ejemplar detectará a un líder en potencia y lo estimulará a seguir el llamado de Dios ayudándole para que desarrolle su potencial. Pero note también que un líder esforzado y valiente como Pablo no tomaría consigo a personas inconstantes, como lo detalla el desacuerdo entre el apóstol y Bernabé en permitir la compañía de Juan (Marcos) quien se separó de ellos en Panfilia y regresó a Jerusalén. (Hechos 13:13; 15:37-39).

Por otro lado todo líder inseguro y egoísta descubrirá el potencial de un líder emergente y tratará de cortarle las alas o bloquearlo para que no se desarrolle. Esta conducta fue la que ejemplificó el rey Saúl con respecto al gran rey que emergía ante sus ojos, el joven David. Pero al final el rey tuvo que reconocer que el pastor de ovejas haría grandes cosas y prevalecería.

Otro gran ejemplo de rechazo y aceptación es el proceso de liderazgo de Josué. Cuando Josué y Caleb hablan a la congregación la multitud habló de apedrearlos. (Números

14:7). Pero después de que Josué habló, la respuesta de la gente fue: "…Nosotros haremos todas las cosas que nos has mandado, e iremos adondequiera que nos mandes." (Josué 1:16).

El reconocimiento, la solicitud y también el rechazo deben tomarse como un incentivo de parte de Dios a través de otros líderes o de las personas en general que gustándoles o no, reconocerán que usted es un líder en potencia llamado por Dios.

3-SU DESEMPEÑO ES APROBADO O ENVIDIADO POR LOS DEMAS

> *"Y Samuel creció, y Jehová estaba con él, y no dejó caer a tierra ninguna de sus palabras. Y todo Israel, desde Dan hasta Beerseba, conoció que Samuel era fiel profeta de Jehová." (1 Samuel 3:19-20)*

La aprobación de su desempeño son los primeros logros del potencial de su liderazgo. Por ejemplo la influencia que usted ejerce en un grupo determinado en su iglesia. Su forma de pensar, hablar y actuar hace efecto en las personas. Es decir que sus actitudes, su manera de comunicarse y su carácter lo proyectarán como líder, pero los buenos frutos lo confirmarán como tal. Sus dones son estrategias de convencimiento de parte de Dios en usted hacia los demás. Pero tenga presente que su talento atrae tanto aplausos como abucheos.

Pablo dijo a Filemón: "porque oigo del amor y de la fe que tienes hacia el Señor Jesús, y para con todos los santos;… "(Filemón.1:5) El gran apóstol también había observado los frutos del comportamiento de Timoteo. Eran tan excelentes que cuando está por enviarlo a Filipo Pablo da la razón por la cual mandará al joven discípulo y no a otro; "...pues a ninguno tengo del mismo ánimo, y que tan sinceramente se interese por vosotros. Porque todos buscan lo suyo propio, no lo que es de Cristo Jesús. Pero ya conocéis los méritos de él, que como hijo a padre ha servido conmigo en el evangelio." (Filipenses 2:20-22).

Por supuesto tiene que recordar que hacer lo correcto es agradable ante los ojos de Dios. Sin embargo, su desempeño por excelente que sea no siempre recibirá la aprobación del hombre. Otros sentirán envidia o temor por su manera de conducirse. Tal como al rey Saúl le causó envidia y temor el comportamiento de David. "Y David se conducía prudentemente en todos sus asuntos, y Jehová estaba con él. Y viendo Saúl que se comportaba tan prudentemente, tenía temor de él." (1 Samuel 18:14-15). Su buen desempeño aprobado o envidiado confirma su llamado. Recuerde que la envidia es la manera como la mediocridad admira la excelencia.

4-EVIDENCIAS TANGIBLES, CONFIRMADO POR DIOS

> *"Y él respondió: Yo te ruego que si he hallado gracia delante de ti, me des señal de que tú has hablado conmigo." (Jueces 6:17)*

Este principio se refiere a la convicción divina externa. Estas son las confirmaciones que usted y yo pedimos a Dios para asegurarnos de que es Él quien nos está llamando a hacer algo y no nuestras emociones o ambiciones personales. Tenemos que actuar con sabiduría al momento de pedir a Dios que nos confirme algún proyecto, no sea que nos hallemos tentándole. Estas evidencias vienen del Señor por la solicitud directa de parte nuestra. Debido a que hemos decidido hacer su voluntad y necesitamos estar seguros de que él estará con nosotros en todo lo que emprendamos y así tener su respaldo y favor.

Un excelente ejemplo de estas evidencias tangibles son las señales que Gedeón pidió a Jehová en el libro de los Jueces capítulo seis. En los versículos treinta y siete al cuarenta, Dios termina de confirmarle a este juez con la prueba del vellón de lana, de que sí salvaría a Israel por su mano. Sin embargo Dios pone a prueba la fe de Gedeón al reducir a trescientos el pueblo de más de treinta mil con el cual derrotaría a los madianitas.

Otro ejemplo de estas confirmaciones externas es cuando a causa de nuestras excusas, renuencia o falta de fe, Dios tiene que confirmarnos su llamado y su respaldo. Ejemplo de esto es Moisés.

En el capítulo cuatro del libro de Éxodo, Dios da a Moisés tres señales para que haga delante del pueblo y le crean que en verdad se le había aparecido Jehová (La vara que se convirtió en culebra, la mano leprosa y las aguas del río que se convertirían en sangre). Pero el caudillo dio la excusa de su tartamudez, para la cual Dios también tuvo respuesta. Luego el gran libertador hizo enojar a Jehová cuando le dice: "¡Ay, Señor! Envía, te ruego, por medio del que debes enviar." (Éxodo 4:13).

A veces pedimos tantas confirmaciones a Dios sólo para volver a decir no. Lo mismo sucede cuando pedimos ser usados por el Señor y cuando las puertas se abren surge un puñado de excusas. "Aquel siervo que conociendo la voluntad de su señor, no se preparó, ni hizo conforme a su voluntad, recibirá muchos azotes." (Lucas 12:47).

Dar amor, servir y sacrificarse por otros es intencional. El líder no fue llamado solamente a creer en Cristo sino también a padecer por Él. Si el camino que hoy transita solo le favorece a usted no lo camine más. Los fracasos más grandes del liderazgo no son provocados por las adversidades o imprevistos, sino por tomar atajos, caminos fáciles y sendas de deleite que sólo persiguen complacer nuestras ambiciones egocéntricas. No olvide que fuimos llamados a impulsar a otros a volar las alturas que Dios ha diseñado para ellos. No a utilizar a los demás como andamios para agrandar nuestro prestigio y alimentar nuestra carne.

La causa principal del desánimo y la depresión en líderes que han abandonado la carrera de la fe, es el enfoque en buscar su propio éxito y olvidarse de que fueron llamados para ayudar a triunfar a los que les siguen. Los seminarios y universidades nos preparan para disfrutar una vida de abundancia y aplausos mas no de escasez. Nos preparan para el éxito. Nunca enfatizan que el camino de Jesucristo está tapizado de tribulaciones, desilusiones, desaciertos y más fracasos. El apóstol dijo a Timoteo: "Y también todos los que quieran vivir piadosamente en Cristo Jesús padecerán persecución." (2 Timoteo 3:12). Pablo después de haber sido apedreado y dado por muerto, confirmaba los ánimos de los discípulos exhortándoles a que permanecieran en la fe y les decía: "Es necesario que a través de muchas tribulaciones entremos en el reino de Dios." (Hechos 14:22)

Cuando usted obtenga la confirmación de parte de Dios de que ha sido llamado a realizar algo específico, debe ser paciente y esperar su tiempo, pero manténgase ocupado preparándose tanto espiritual como académicamente. Cuando Dios abra una puerta no de excusas, tenga temor a Él y arriésguese. Actúe, porque el Señor proveerá sabiduría, ciencia, inteligencia, finanzas y personas para que usted logre la visión y misión para la cual fue creado.

Quiero recomendarle que ya que usted ha discernido que tiene un llamado a liderar, se convierta en un seguidor acérrimo de Aquél que lo llamó. Sólo así podrá disfrutar ser servidor de los que le sigan, sufriendo con agrado cualquiera que sea el precio a pagar para dar cumplimiento al llamamiento supremo de Dios.

El trayecto más largo y difícil hacia Dios, es tomar el atajo del "yo". Por lo tanto, antes de pensar en llenar nuestros estómagos debemos preocuparnos por los corazones vacíos y las almas que se pierden a causa del liderazgo defectuoso en nuestras iglesias.

Conclusión

Tengo un amigo de toda la vida cuya niñez fue paupérrima física, espiritual y financieramente. Pero el sello de su desgracia fue la cuna del desamor. Esto afectaría su adolescencia poniéndole tras los barrotes de una destructiva y pobre imagen de sí mismo. Luego los años de malicia de su juventud le tomaron de una mano y la influencia de la sociedad le tomo de la otra. Ambas lo transformaron en un tipo arrogante y vanidoso frente a los demás. Sin embargo en su interior seguía siendo un niño inseguro e introvertido. Su imagen de arrogancia y pretensión ocultaba el miedo al rechazo y fracaso en una sociedad que espera ansiosa para devorarse al que cae.

Así como fácil se distingue el aceite en el agua, de igual manera es obvia la pretensión en el hombre que busca impresionar. El agua con aceite no es agradable al paladar y el carácter infestado de pretensión no encuentra gracia en el corazón del prójimo.

Los caminos de inseguridad de mi amigo lo condujeron a creerse indispensable, lo cual es un sendero de soledad transitado por el "yo". Creyendo que todos lo necesitaban mi amigo se sintió perfecto. Más tarde cuando Dios lo llamó y tuvo su primera oportunidad para liderar la inseguridad fue su tope. Mi amigo, mi más entrañable amigo ¡me traicionó! Se convirtió en un líder servil y la ambición por un ascenso lo degradó. Se enfocó en agradar al hombre y se olvidó de Aquel que pone y quita reyes. Pronto un desbalance de gracia y verdad en su carácter lo condenó a abusar de los beneficios de su liderazgo. Entonces el Dios que lo llamó, lo rescató una vez más. Esta vez del túnel egocéntrico de su libre albedrío.

Mi amigo aún continúa en el molino de la disciplina de Dios. Pero ahora ese amigo, que todavía no termino de conocer, ha decidido obedecer a Dios antes que a los hombres. Es un placer presentarles a ése amigo. Mi amigo es: su servidor.

¿Quiere la amistad de otros? Sea amigo de usted mismo primero ¿Le apasiona el liderazgo? Lidere su carácter y su casa antes de pretender liderar la vida de otros.

Hermano y amigo líder aprecie este consejo. Las almas no son salvas si las guiamos hacia nosotros. Conduzcámoslas al Señor y Él las salvará. Cuando Dios le mueva el ascensor hacia arriba no se olvide de aquellos que le apreciaron aun cuando usted estaba en el sótano.